跨文化视野下
高校英语教学研究

黄　丹◎著

全国百佳图书出版单位
吉林出版集团股份有限公司

图书在版编目（CIP）数据

跨文化视野下高校英语教学研究/黄丹著. --长春：
吉林出版集团股份有限公司，2023.6
ISBN 978-7-5731-3711-1

Ⅰ.①跨…Ⅱ.①黄…Ⅲ.①英语－教学研究－高等
学校Ⅳ.①H319.3

中国国家版本馆CIP数据核字(2023)第115246号

KUA WENHUA SHIYE XIA GAOXIAO YINGYU JIAOXUE YANJIU

跨文化视野下高校英语教学研究

著　　者：黄　丹
责任编辑：欧阳鹏
封面设计：冯冯翼
开　　本：720mm×1000mm　1/16
字　　数：240千字
印　　张：12.5
版　　次：2023年6月第1版
印　　次：2023年6月第1次印刷

出　　版：吉林出版集团股份有限公司
发　　行：吉林出版集团外语教育有限公司
地　　址：长春市福祉大路5788号龙腾国际大厦B座7层
电　　话：总编办：0431-81629929
印　　刷：吉林省创美堂印刷有限公司

ISBN 978-7-5731-3711-1　　定　　价：75.00元

前　　言

　　语言与文化之间有着天然的、密不可分的联系。一门语言的学习和掌握总是建立在目标语言所承载的社会交际、文化传承的基础之上。因此,由于目标语言与母语之间的文化差异,常常导致语言学习中存在理解及运用困难等问题。为了在英语教学中实现跨文化交际能力培养的目标,应特别重视语言教学与文化教学之间的关系,探索符合跨文化的语言教学方法,让学生提高英美文化的意识,掌握学习的技巧。

　　在很大程度上,文化的差异决定了语言的差异。在外语教学中,如何做到语言教学同步于文化教学,进一步强化和提高学生的跨文化交际能力,帮助其习得英语语言背后的英美文化,使其能准确地感知文化差异,是目前英语教师及学习者面临的一项艰巨任务。在英语教与学中都无法回避文化的教与学,因此引入文化内容或尝试将文化教学寓于语言教学,便成为广大教育者长期以来一直在做的教学探索。他们在实践过程中,不断地就前面提出的问题进行摸索、反思,逐渐深化了对跨文化交际的理解,并对英语教与学中存在的文化缺失、文化冲突等问题有了更深入的认识,同时对于实现跨文化交际能力的培养也有了更多的心得体会。

　　本书旨在摸索出一条适合跨文化视野下高校英语教学工作创新的科学道路,帮助相关工作者在教学实践中少走弯路,并运用科学方法,提高教学效率和质量。

　　由于笔者能力有限,加之时间仓促,虽进行多次修改,书中仍难免有不妥与疏漏之处,恳请广大专家和读者批评、指正。

目　　录

第一章　跨文化视野下英语教学理论基础

第一节　大学英语教学中跨文化教学的必要性

一、跨文化教学是大学英语发展的需要

人类语言的表达形式,必然要受到其所生活的社会文化形式的制约。人们在进入跨文化交际的语境中时,因为文化碰撞而产生的误会矛盾时有发生。在跨文化交际研究中,大家都明白一个事实,那就是因为文化而产生的误会要比因语言语法错误发生的误会严重得多。由于语言语法的错误的结果,最多就是词不达意,思想中想要表达的东西无法顺畅地通过语言来将其表达出来。可是,因为文化问题而导致的误会,就有可能会使"本族人与他族人之间产生严重误会甚至敌意"。若想在跨文化交际中有效地避免诸如此类的文化矛盾或冲突,减少跨文化交际过程中有着不同文化背景的人之间的误会或摩擦,最为有效的方法就是交际者能够具备一定的跨文化交际能力,有着较为丰厚的文化修养与素质,对着交际对象的民族文化与传统,有着较为深入的理解与认识,只有这样,才能够达到有效交际、顺利实现跨文化交际的目的。这样一来,我们的大学英语教学就不能够只局限于语言知识技能的教学,而在教学过程中有效地融入有关第二语言的文化教学的知识内容,就成为十分必要的内容。将外语教学同本国文化教学成功地结合起来,对于开阔学生的文化视野、从多个层面拓展学生的知识层面,从而多角度地增强大学对于世界的理解与认识,能够在对异域民族文化的学习与借鉴过程当中培养、提升自我的

文化素养,这已经是当前大学英语跨文化教学不容置疑的事实,已经成为当前的外语教学课程设置的重要内容。

二、大学英语跨文化交际教学是当前中国社会经济发展的客观需求

进入 21 世纪以来,伴随着我国社会各个层面的改革的继续深化和经济的飞速发展,国际性的事务交流也越来越频繁。我国的社会发展需要有一支庞大的、具备跨文化交际能力的人员参与到国际贸易交流中来,需要这样的一支具备高素质跨文化交际能力的队伍来解决越来越多的国际性事务,以此来更好地增强国际的交流与合作。

当然,我们所需要的这种跨文化交际人才,不仅需要具备相当的语言沟通交流能力和优化知识结构组成的能力,同时,还必须具备国际性的文化理念与思维,对异域民族文化与传统、日常礼仪与交际原则等都有一定的了解,也就是具备相当的跨文化交际的能力。跨文化交际能力是一种双向的沟通交流能力,不仅要对目标交际对象的民族文化有着较为深入的理解与认识,同时,对于本民族的传统文化知识,也必须有着一定程度的理解掌握,这样才能够在跨文化交际过程中更好地实现双向的交流与互动。在跨文化交际过程中,要想能够得体顺畅地同外国友人进行交流,仅仅具备流利的语言表达能力与较为丰富的交际对象的语言词汇是根本不够的。若想保证跨文化交际的顺畅进行,必须还要对目标交际对象、历史文化习俗和价值观念等有着深入的理解与认识,这样,才能够很好地避免在交际过程中因为文化的差异性而产生的误会冲突。因此,为了能够培养出优秀的跨文化交际人才,使其在跨文化交际中具备强大的国际竞争力,以此来更好地跟上时代发展前进的步伐,更好地满足我国飞速发展的社会政治经济、科技以及文化对于跨文化交际人才的需求。因此,在我们的大学英语教学过程中有效地融入跨文化交际的教学内容,将跨文化交际教学提升到大学英语教学课程内容的一定高度,逐渐将大学英语教学传统教学方法的听、说、读、写能力训练转移到对于跨文化交际能力的全面人

才培养重点上来,培养出适应时代发展需求、具备跨文化交际综合素质与能力的国际性人才,是我们大学英语教学改革应该关注的重点内容。大学英语跨文化教学过程中,除了对目的语言民族的文化给予相当重视的同时,还必须对不同民族之间存在的文化差异性给予足够的关注,在文化教学的过程中同时关注民族文化的差异性,从多个角度、多个层面来增强学生对于不同民族文化的理解与认识,从而更好地拓展学生们现有的知识结构层面,帮助大家在英语学习的过程中更为有效的培养起跨文化交际的能力与素养,为我国的国际化人才竞争培养打下坚实的基础。

三、大学英语跨文化教学是促进大学生社会性发展的需求

任何人都具备着一定的社会属性,同社会的发展紧密相关,在社会中扮演着一定的角色,并且相应的承担其应有的社会责任。因此,在个体的人与作为集体的社会之间就形成了一种彼此相互联系、相互依赖、共同发展的关系。每一个人都生活在一定的社会当中,既然在社会中生存并且想谋得个人的发展,那么就得不断地去进行学习。而学习,则根本无法离开社会各个方面。基于此,我们的教师就有责任也有义务在教学过程中引导学生通过学习来不断地认识社会各个层面的真实情况,对于那些与日常生活紧密相关的社会现象,都应该适当地引导学生进行必要的理解与认识,这是丰富学生人生经验与阅历的一种极为有效的途径,对于发展学生们的自身认识能力、丰富他们的情感、知识以增强其自我分析能力及对他人、对社会的认知,都有着极大的促进作用。在此基础上,教师们才能够更好地引导学生构建自己良好的行为习惯体系,从而培养起自我良好的社会道德体系树立正确的人生观与价值观。对于大学生来说,大学教学是促成其社会性发展的有效的助推力之一。对于当前的大学生们来说,他们面对的社会交往关系及现象更为纷繁复杂,多元化的社会交往,决定了交往方式的多样化与复杂化。那么,通过跨文化交际教学来培养学生们面对社会不同人群与不同的语言群体时应有的交际能力,培养大家在人与人交际合作时的正确态度与意识,从学校与社会各个层面来帮助大学生

们提升自我的跨文化交际能力与素养,对于他们更好地认识这个世界、跟上社会与时代发展的步伐,以及对于自我素质的发展,都有着很好的作用。由此可见,我们倡导的大学英语跨文化教学同当前青少年培养的社会化目标是同步的,最终的目的就是帮助我们的学生树立起正确的理想,培养大家追求平等、尊重差异、相互合作的思想观念与意识。我们大学英语跨文化教学的目的,也是为了能够培养当代大学生的文化知识素养综合能力,将每一个学生的潜力最大限度地挖掘并且发挥出来。无数的教学实例已经表明,在大学英语教学中实行跨文化交际教学,不是一个空泛的概念或者是仅限于理论层面的空谈。而且,社会与时代的发展,也为具有跨文化交际综合素养能力的人提供了越来越多的机会与平台。在大学英语教学中给予跨文化交际教学以更多的关注与重视,不断地从更深的层面来增强、培养学生们对于不同的民族文化的认同感、包容性,树立起他们面对其他民族文化时应有的包容意识与精神,懂得拥有不同文化背景的人与民族之间彼此相互尊重、平等交流合作。这也是大学生们面向未来发展的一项较为基本的社会生存能力,是促进不同语言民族之间的文化交流与合作、发展,推动国际交流与合作的一项基本能力与素质。同时也是当代大学生社会性发展的必备生存能力之一,是更好地适应时代与社会发展步伐的要求。

四、大学英语跨文化教学是顺应高等院校教学国际化发展趋势的需要

面对着全球一体化发展的趋势,提升高等院校教学国际化的主流意识,是当前世界性的高等院校办学得以进一步深化发展的新的理念基础。由此可见,在高等院校大学英语教学中实施跨文化教学,已经成为一个国际性高等院校发展的必然方向。跨文化教学在高等院校的有效实施,对于我们办学理念具备世界性的眼光、将我们的跨文化教学融入世界办学教学的洪流当中具有积极的推动作用。通过跨文化教学的实施,我们可以不断地吸纳西方先进教学理念与办学模式,站在理性的角度来对我国的高等教学以及传统文化等进行分析认识,并且能够以世界性的战

略眼光来看待分析全球性以及民族性的综合性问题,从而在理论与实践相结合的同时,找到中国本土办学、教学同世界各国办学、教学成功经验的融汇点,以此来更好地把握住世界性的主流意识发展,更好地在办学教学中进行创新,并且在创新发展过程中办出自我的个性特色,来为推动我国当前的大学教学做出努力。特别是伴随着全球性的一体化发展态势,办学也在全球一体化的发展过程中呈现出新的发展趋势,很多高等院校都在寻找同国外学校共同合作办学的新机会。在此过程中,无论是从办学的主体来说,还是参与办学作为教学接收者的客体来说,大家都共同面临着多元化的局势,办学背景存在着多元化的局面,办学对象也出现了多元化的情势。以至于信息来源、思维方式、社会习俗等很多方面,都在中外合作办学的过程中呈现出多元化的特点,因此,在这样的办学理念以及办学氛围中培养出来的人才,由于多元化的作用,必然受到多元文化思维影响而具备多元化的意识,有利于学生们形成开放、包容的文化思想。由此可以看出,对中外合作办学这一新的办学模式中的跨文化教学进行的深入关注与研究,对于我们的大学英语跨文化教学来说是一件十分有意义的事情。

第一,面对着全球一体化发展的大趋势,我国高等院校面对的不仅仅是国内市场带来的巨大挑战,在全球化的发展过程中,已经被全球一体化潮流裹挟着融入了世界性的市场潮流中。具有跨文化交际能力的国际性的人才,已经成为全球范围内的一种需求,而不再仅只是某一个民族或者是某一个时间段的需要了。毫无疑问,这必然对全球各个国家与民族的高等教育提出了改革与发展的迫切要求。立足于一个全球性的高度推动着各个国家高等院校进行发展与改革。第二,中外合作办学的教学模式,是以双向互利、文化平等、交流融合共同发展为基础与目标的新的办学教学模式。现在,对于跨文化教学,已经被经济开放性国家首肯为进入国际性交流、融入国际发展态势中必要的战略性工具与手段。

无论是我国的高等教学部门,还是各大高等院校,对于跨文化教学,都应予以足够的重视,使我们高等院校培养出来的人才,既能够充分地掌握跨文化交流中交际对象的民族文化,在交际中减少因为文化而发生的矛盾冲突。同时,还具备相当多的本民族文化传统的深厚底蕴,并且能够用恰当的语言对本民族文化在世界范围内进行传播,使更多的国家与民族、来自全国各地的不同语言群体都能够对我们本民族的优秀文化传统有着较为深入的理解与认识。这才是我们进行跨文化交际的真正目的。在此基础上,我国的各大高等院校还有着另一项使命,那就是在进行跨文化交际教学的过程中,能够正确地引导学生掌握不同民族与国家之间存在的文化差异性,在认识、尊重、接受文化差异性的同时,能够冲破差异性的障碍,认识到差异性存在的背后原因,其实是语言共同性规律的作用。只有更好地认识并且掌握了这种差异性背后的语言与文化存在的共同性本质规律,我们才能够真正地掌握一种语言及其背后所蕴含的文化。这样的人才,才是我们在激烈的世界综合性人才竞争中所需要的、具有创新意识与创新能力的人才,也只有这样的人才,才能够在世界新的文化格局中发挥出跨文化人才所应有的作用。

面对着正在一体化发展的世界新格局的形成,跨文化人才的培养,是我们各高等院校极为迫切的教学任务。但是,有一个不得不公认的事实,那就是外语教学中的跨文化教学,首先必须承认不同语言群体之间存在的巨大的文化差异性。而且,在现实的世界范围内的跨文化交际中,因为文化差异性而导致的交际矛盾与冲突,仍然是不可避免且时有发生的事实。而解决跨文化交际矛盾冲突发生最为有效的方法,就是大学英语的跨文化教学的培养。通过多种行之有效的跨文化教学方式,使学生们能够对不同的民族文化之间存在的差异性有着一定的认识与理解,并且要在跨文化教学过程中,培养学生尊重异域民族文化传统的意识,形成包容、开放的跨文化意识,从而在进入跨文化实践中能够更好地为增进国际认识与理解而努力。对于这一切,每一个国家的高等院校都肩负着不可推卸的责任,这是时代赋予高等院校的使命。因此,我们的高等院校教学,应该责无旁贷地承担起为增进国家与世界其他民族之间交流与沟通而培养跨文化交际人才的责任,这是各大高等院校面向未来教学迎来的教学国际化发展的新的态势。所以,在我们的高等院校教学中,想有效地融入大学英语的跨文化教学,就要对此给予应有的关注与重视,转变传统的教学模式与教学理念,积极采取行之有效的措施,这样也为培养跨文化交际人才作出高等院校所应有的贡献。

第二节　大学英语教学中跨文化教学的目标

一、跨文化教学的理想目标

教学,是对学生社会实践性最好的培养方法与手段。跨文化教学则是对不同语言群体的人的社会实践性进行培养。而面对着国际化教学发展的新趋势,跨文化教学培养人才的最佳的理想目标就是能够通过跨文化教学,引导着学习者突破因为语言民族文化的差异性而产生的误会矛盾冲突,扫除不同文化群体之间存在的壁垒,尊重文化差异性的存在;能够通过跨文化教学,对不同种族之间存在的、因为成长的文化背景不同而导致的不同的生命个体的差异进行尊重,并且以此更好地实现人权观念;通过跨文化教学,使学习者能够更为深入地理解认识到不同的群体都拥有着平等的利益分配权,每一个生命个体都有选择自己所喜欢的生活方式的权利,对此,我们应该给以应有的尊重。若是放在具体的点上来进行阐述,那就是首先,我们通过跨文化教学,培养学生们的开放的心灵与思想意识,使接受跨文化教学的每一位学生都能够具有一种开放、包容的跨文化思想与观念,能够敞开自己的心扉去倾听来自不同文化背景的人的不同思想与观点,能够用开阔的心胸去包容不同的观点与立场,能够用宽广的胸怀去接纳不同文化价值体系的思维价值观念。其次,还可以培养学生对自我的宽容与包容,能够培养其对自身的潜力进行深入的挖掘,努力开发自身潜在的创造能力,并且积极培养自我的跨文化交际能力。

二、跨文化交际教学的基本培养目标

要培养学生们具备一定的文化意识,这是我们大学英语跨文化教学的一个重要培养目标。通过对英语的学习,能够使学习者对异域民族文化有着更好的认识与理解,从而从多个方面、较为深入的层面培养学生们的文化理解能力,让学生们在对不同文化进行对比的过程中提升自我的文化分析鉴别能力,以此为学生提高跨文化交际能力、解决处理跨文化交际实践中的问题做好理论思想的准备。在我国教育部最新修订的《大学英语教学大纲》中对大学英语教学的教学目的有着极为清楚的规定,那就是大学英语教学在重视培养学生语言能力的同时也要重视培养学生的语用能力、跨文化交际能力和社会文化能力。对于跨文化教学的强调与重视,无论是在大学高等院校专门的专业性学习中,还是在大学英语的公共课教程中,都有着相关的规定。因此,在大学英语教学过程中突出强调对于学生跨文化交际能力的培养以及对其文化素养的有效提升,这是时代发展与社会进步对受教学者提出的客观要求,我国的各大高校有效地整合英语教学大纲规定的教学目标,并结合大学英语教学实践,从理论到实践来提升大学英语跨文化交际能力的现实效果。

大学生跨文化交际能力的提升,需要我们的各高校在进行大学英语教学的同时,必须将文化教学融入语言教学当中,使语言与文化教学成为一个有机的整体。在此过程中,教师能够结合语言教学内容实际采用比较研究的教学方法,在大学英语教学的过程当中,适时地引导学生通过对目的语言民族文化同本民族的母语文化进行比较分析,来认识目的语言民族同母语民族之间文化价值取向、思维方式、风俗习惯乃至于集体性格等方面存在的差异,从而在对本民族与异域民族文化的差异性对比中更好地提升学生的文化素养,培养学生在跨文化交际中所应具备的与不同民族、不同文化背景的人进行交流沟通时避免文化矛盾冲突的能力。可以说,跨文化交际能力的培养,已经成为大学英语跨文化教学的一项重要的目标。其具体目标如下。

（一）大学英语跨文化教学的培养目标之一，就是对大学生面向社会更进一步深入学习英语以及目的语言民族文化能力的培养

任何一种语言的学习，都是一个循序渐进不断深入的学习过程，无论是对英语的学习，还是英语民族文化的学习，都需要学生在不断的学习过程中来逐步地感受领悟，其中，包括自学，这是一个没有终点、持久学习的过程。学生只有能够自己积极主动地进行不断地学习，才能够跟上时代、社会发展的步伐，从而有效地提升自我对时代与社会的适应能力。

（二）大学英语跨文化教学的培养目标之一，还包括对学生文化理解能力与文化背景知识能力的培养

在学习英语的过程中，必然要遇到一些深蕴着英语民族社会文化背景知识丰富含量的词语及典故，对这些词语要进行充分的利用，引导学生透过词语去理解认识深蕴在语言背后的文化意义，是我们大学英语跨文化教学的基本培养目标之一。

（三）对于学生们的跨文化交际能力的培养，也是大学英语跨文化教学的培养目标之一

我们都知道，这是一个全球化激烈竞争的时代，我们的大学生即将面对的是世界性的竞争。特别是伴随着我国综合国力的提升，和不同国家与民族之间交际的频繁发生，跨文化交际能力，已经成为一个人面对时代发展大势所应具备的竞争能力之一。面对着庞大的社会潮流与时代前进的步伐，较强的交际能力，就显得尤为重要。

（四）培养学生面对外来文化所应持有的客观、公正、包容的态度，也是我们进行大学英语跨文化教学的目标之一

在大学英语跨文化交际教学的过程中，尽量为学生们创建跨文化交际的实践性情境，引导学生在较为真实的跨文化情境中去感受异域民族的文化，去认识与理解目的语言的民族文化，并且能够较为充分地掌握语言与文化的运用，在此基础上作出自己的判断，进行分析鉴别，能够区别其中的精华与糟粕，取对方之长，补己之短。这对于大学生面对跨文化交际发展的国际态势，具有十分重要的现实性意义。

（五）对于获取异域民族文化信息能力的培养，也是我们大学英语跨文化教学的培养目标

随着互联网等各种高新技术的发展，获取各种信息的渠道极为宽泛。除了传统的报纸、刊物、书籍等纸质媒介之外，各种影视、录像、电脑网络等有声有色的工具，也为学生们学习英语以及了解英语民族的文化提供了极大的便利，是极为便利的方法与途径。这就对大学生们获取信息的能力提出了要求，要具备一定的文化自我判断鉴别能力以及获取的途径方法的操作能力，都要有着自我的判断与决定。

第三节　大学英语教学中跨文化教学的内容

一、大学英语词汇中的跨文化教学

外语词汇学习的重要性在于不同语言之间，目的语里每一个词，每一个概念在母语里都会有一个对应的表达，这是因为词汇包含着不同语言里的文化思维特征。词汇是语言的基本要素，其含义和用法体现民族与文化间的差别。尤其英语习语是英语语言的瑰宝，是英语文化的一面镜子，并且短小精悍，便于学生记忆。这些词汇反映该民族人们的价值取向、思维模式、社会习俗、地理环境、饮食文化和历史发展。从跨文化交际学的角度来看，英汉两种语言之间存在大量的语义和文化不对等情况，因此词汇教学不能只单单局限于语音、语法特征，而是必须与词汇文化相结合，注重文化负载词的教学，从文化差异入手准确理解词汇的文化内涵。

掌握一个词是指熟悉该词所有的潜在意义，明白使用这个词的适当场合和它的搭配语域，了解在同一词义范围内该词与其他词之间的关系。英国著名语言学家利奇将词的意义归纳为七种类型：理性意义、内涵意义、社会意义、情感意义、反映意义、搭配意义、主题意义。其中，内涵意义、社会意义、情感意义、反映意义、搭配意义、主题意义又统称为联想意义。词的理性意义及词的认知意义或指示意义，是语言交际中所表达出来的词语的最基本的意义，是对客观事物本质特征的反映或概括。然而，这种反映或概括在不同的文化中不尽相同，从而在语言上出现差异。而词的联想意义则多半与文化因素有关，具有民族特点。

二、大学英语语法跨文化教学

语法是语言表达的规则，它揭示了连字成词、组词成句、句合成篇的基本规律。每一种语言都有其独特的语法体系，不同的语言使用不同的语法系统和规则来指导和评价该语言群体的语言使用。在语言内部的诸多差异中，语法最能体现语言的民族特点，因为语法是语言的组织规律，是本民族成员或语言社团成员共同遵守的语言习惯或约定俗成的规则。当代著名翻译理论家奈达指出，就汉语和英语句式而言，也许在语言学上最重要的一个区别就是形合和意合的对比。形合和意合是王力在《中国语法理论》一书中提出的语言的两种基本组织手段。形合就是依仗形式（包括词的变化形式，词汇衔接等）将语言符号由"散"个体的词到"集"（词组乃至语篇）的语言组织手段；而意合则是依仗意义，即内在的逻辑关系组织语言的手段。形合和意合是两种不同的句式安排。一般来说，前者注重形式上的衔接，后者注重行文上的连贯。形合的特点是形现意明、句连严谨、语序规范、意脉清晰；意合的特点是形隐意在、句连洒脱、语序顺适、意脉暗承。

（一）形合及语法型英语句子结构

英语是一种高度形式化和逻辑化的语言，英语之所以重形合，是因为英语具有丰富的形式组合手段，譬如词缀、词形变化，指代词以及表达各种关系的连接词等。它的形式化和逻辑化在句法中主要表现在形态变化、句法结构、标点符号等方面。

英语高度形式化、逻辑化，句法结构严谨完备，并以动词为核心，重分析轻意合。重分析轻意合的英语句子排列顺序是主谓宾（SVO）或主谓（SV）。英语句子以主谓结构为纲，前后勾连，复杂而不流散。除了很少出现的省略等特殊情况外，在句子中,主语不可缺,不管起不起作用总得有一个,而且对全句具有全面关切的关系,有统领全句的作用。一些无主语的汉语句子如"下雪了""事情发生了"翻译成英语句子时必须加上一个逻辑主语,这显然是一种形合。英语形合还表现在形式形态上对其语言有一定的显现力和约束力,要求句子的人称、数量、时态、语态、情态形式保持主谓前后一致的语法关系。英语句子对标点符号要求也十分严格。句子、句内之间各因素也要用形式逻辑关系词连接,再加上丰富的形态变化,英语就成了一种表达意义十分精确,高度形式化的语言。这也就是说,一个完整正确的英语句子必须同时包括语义和结构的完整性,即在语义上能够独立表达一个完整意思的词组组合,又必须包括主语和谓语两个组成部分,主谓之间要保持人称和数上等方面的形态一致,最后还要有标示着结构上完整与否的标点符号。

(二)意合及语义型汉语句子结构

汉语语法是一种注重语义的语法,汉语句子类型的划分只能从功能语义而不可以从形式出发,句子之所以成为句子,根本条件是具有表达功能而不是由于某种结构。汉语之所以重意合,主要在于其语言本身是表意文字,自古以来就有重"神""意"的传统。汉语依仗意义即内在的逻辑关系组织语言,句子承接主题,顺势而下,句界模糊,行文倾向意合,结构松散,注重话题的承转与表达。汉语句子结构,在很多情况下以主谓(宾)顺序排列。但是它不像英语那样,整个句子以谓语动词为中心且必须包含主语,而是以词序或语义为中心,不管句子是否完备,标点符号很大程度上是停顿的意思;它也不像英语那样,需要诸如连接词等衔接手段,只要表达意义就可以了。汉语重意合还表现在汉语句子的主语概念比较泛,它不像英语句子的主语那样起到统领全句的作用,必须由名词或名词性质的成分来担任,它有时只是一个"话题"而已。

三、大学英语翻译和写作教学中的跨文化教学

（一）大学英语翻译教学中的跨文化教学

1. 地域和历史方面的文化差异对翻译的影响

所谓地域文化就是指由所处地域、自然条件和地理环境所形成的文化现象。其表现就是不同民族对同一种现象或事物表达形式采用不同的言语。中国在地理环境上属于半封闭的大河大陆型，自古以来，人们生活和生产活动主要是依附在土地上。因此，汉语词汇和习语有许多都与"土"有关，如"土生土长、土洋并举、土特产"等。但在英译时它们都失去了"土地"一词的字面意思。倘若将"土"字都不留余地地译出，就会让西方人感到莫名其妙。相反，英国是个岛国，四面环海，英语中与海洋渔业有关的表达俯拾皆是，但翻译成汉语时却采用另外的表达法。例如："all at sea"（字面意思为"在海上"），汉语却翻译为"茫然不知所措"；"a small leak will sink a great ship"（字面意思为"小漏沉大船"），汉语却翻译为"蝼蚁之穴能溃千里"；"sink or swim"（字面意思为"是浮还是沉"），汉语却翻译为"孤注一掷"。"spend money like water"（字面意思为"花钱如水"），汉语却翻译为"挥金如土"。

2. 思维方式和价值观的差异对翻译的影响

不同的思维方式决定了各个民族按照各自不同的方式创造不同的文化，而这种不同必然要通过文化的载体——语言得以表达。英语民族的思维是个体的、独特的，而中国人注重整体、综合、概括思维。在语言上，英语偏好用词具体细腻，而汉语用词概括模糊。

（二）大学英语写作教学中的跨文化教学

西方文化注重线性的因果式思维，英语句子组织严密，层次井然有序，其句法功能一望便知。比如，If winter comes, can spring be far behind? 一见到连词 if，两句间逻辑关系便一目了然。而中国文化偏重直觉和整体式思维，较少地使用连接手

段,句子看上去显得松散,句子间的逻辑联系从外表不易看出。汉语思维模式呈螺旋形,其思维习惯在书面语言上的表现形式是迂回曲折,不直接切入主题,而是在主题外围"兜圈子"或"旁敲侧击",最后进入主题。"文似看山不喜平"是典型的汉语修辞模式,也成为衡量文采的标准。英语篇章的组织和发展是"直线式",通常先开门见山、直抒己见,以主题句开始,直截了当地陈述主题,然后用事实说明,即先有主题句,后接自然衔接的例证句。英美人的思维方式决定了英语写作中出现主题句的必然。

第四节　大学英语教学中跨文化教学的途径

英语语言不是学习的目的和对象,而是学习者获取知识,进行专业学习的方法。学习者通过使用英语,不仅学习相关知识、开展各种学术活动,同时能巩固和提高他们的英语基础知识和技能,使其语言能力得到进一步发展和完善,这样让语言学习和专业学习得到完美的结合。这种学习方式即双语教学模式(bilingual teaching mode)。具体地说,大学英语教学应该在中小学英语教学的基础上,以专业英语学习为中心任务,采用双语教学的形式,培养大学生应用英语进行专业学习和研究的能力,目前广泛使用的文化教学方法有以下几种。

文化讲座(lectures):将不同文化主题构成的一系列的文化知识以讲座的形式传给学习者,有利于学习者进行系统的文化知识学习。但不足在于讲座多以灌输形式讲解,学习者缺乏体验感,而且大量冗长的讲座往往会使学习者感到无趣。

关键事件(critical incidents):选用不同文化背景的交际双方之间所产生的,具有典型、代表意义的失败案例进行描述,然后分析误解产生的原因,帮助学习者了解两种不同文化在某个方面的不同期望和表现,这非常能够刺激学习者在分析案例和原因时进行思考,有利于跨文化敏感性的培养。

文化包(culture capsules):教师向学习者讲述本族文化与目的文化之间的某个本质差异。教师主要是通过各种教学手法向学生呈现差异的具体表现,然后提出若干问题由此展开讨论。

文化群(culture clusters):由讨论同一文化主题的若干文化包组成。例如,可以将美国节日这一文化主题细分成圣诞节、感恩节、万圣节、复活节、情人节等若干个子题,每个子题可以设计成一个或多个文化包,供学生在课堂上讨论学习。这种方法非常有利于学生全面、系统地学习英语文化。

模拟游戏(simulation games):学习者通过模拟游戏感受一些自己尚未经历过的情景,从中体验和认识目的语言文化。例如一些大学校园里举办的万圣节活动,圣诞节晚会耶稣降临的表演,感恩节对亲朋好友的致谢等活动,旨在通过这种亲身体验的活动,扩大学生的视野,促进对跨文化交际的敏感性。

以上各种方法是以培养跨文化能力为主要目的,但是只要经过变通和再设计可以与大学英语教学有机结合起来,成为跨文化大学英语教学的方法。

建构主义认为世界虽然是客观存在的,但人们对于世界的理解和赋予意义是主观的;知识不可能由外部传授而获得,人们应以自己的经验背景为基础来建构现实和理解现实,从而形成知识;学习是学习者主动地建构内部心理表征的过程,这种建构不仅涉及结构性的知识,而且涉及大量非结构性的知识。我们的学生在获得了有关文化的客观知识后,当他面临具体的跨文化交际情境时,那些概括化、刻板化了的文化特征、行为规范等往往并不能保证他交际的成功。因为真实的跨文化情境要比这些刻板知识复杂微妙得多。

一、跨文化教学的"显性"路径

"显性"路径是独立或相对于语言学习的,较为直接的、较为系统的文化学习。最具显著性的跨文化交际教学是在语言课程之外开设专门的"文化"课程,如"英美概况""跨文化交际学"等。这些专门开设的文化导入课具有直接性、外显性、客观性,是与"语言点"相对的"文化点"。这类课程有自己特定的内容纲要、教学目标和测试手段。在英语语言课程中进行跨文化教学和文化导入等教学活动也属于显性文化学习,因为这种"文化导入"是有较明确意图和外显内容的文化学习。从内容看,注重"有形"的文化知识:既有的文化事实、与文化有关的语言现象以及某些跨文化交际的规约;从方法看,一般采用系统讲授或结合阅读课文学习"文化点"。

显性文化教学可以给学生提供系统的,确定的文化知识,但是它的局限性在于它可能忽略那些无形的、藏匿于生活各个方面、与个人际遇关系密切的文化因素和文化特质,忽略学习者实际面临这些因素和特质时的主观认识、思维过程和行为能力,忽略学习者自己进行文化探究的能力与学习策略,而这些正是对个体交际者在复杂变幻的跨文化境遇中很有助益的东西。

二、跨文化教学的"隐性"路径

与显性文化学习的直接、客观、系统等特征相反,一种主张以较为间接、相对分散和有较多主观参与的隐性文化学习模式。隐性路径的文化学习是伴随语言学习过程,与语言学习紧密联系和相互渗透的。这里所说的与语言学习紧密联系,不是指我们常见的在理解课文意义时对某某文化知识点的分析讲解以帮助学生理解课文,或使学生了解某个语言现象后面的文化典故以扩充文化知识,而主要是指在学习语言材料时对其中所表达的思想主题及其现实文化意义的理解与把握特别是经学生自己感悟思考后的理解与把握。当一个中国学生阅读一篇英语原文课文时他就在经历一次跨文化交际,尽管这是互不见面的读者和作者之间的交际。如果教师能引导学生不但理解文本的表层信息,例如课文讲了什么,而且还思考文本的隐含信息,比如课文为什么而写、为谁写和是谁写的、课文内容与自己所处的文化环境有何相关和实际意义、从不同文化背景理解课文的主旨是什么,等等,那么这位学生就是在进行一种"文化"的学习,这种学习不是简单的知识传递,而是在教师引导下学生对"非结构的""捉摸不定"的事物的主动建构与主观理解。这样的语言学习过程同时也是文化学习的过程,是思维方式和文化洞察力的学习与训练。由此可见,隐性文化教学的成功实施对语言教师的现代教学素质和社会文化敏感性与洞察力有格外高的要求。英语教师一定要有较强的文化意识和深厚的专业素养,结合所授内容,有目的地对学生进行文化输入。

隐性路径教学的优点在于它有利于发展学生"无形"的文化领悟力和思考力,是一种学习能力,更是一种能应对现实的、真实的跨文化交际的能力。然而它的缺点在于随课文内容零散和随机地学习目的语文化可能导致某些知识项目的缺失,而且已受到传统课堂的冲击。比如在授课时,容易走向重词汇、句法等语言形式,轻深层内涵文化的老路,因而使文化学习边缘化。有鉴于此,在我国特定的大学英语教学环境中,隐性文化教学与显性文化教学相结合、相补充是十分必要的。

无论就哪种英语文化教学方法,或就显性教学还是隐性教学的课堂教学而言,都应改变单纯灌输的方式,与此同时还应当强调,教师是实现跨文化大学英语教学的关键,故应不断提高自身文化素质和对跨文化交际教学的认识与能力。

第二章　英语教学中的跨文化能力培养

第一节　跨文化交际能力培养的重要性

随着经济全球化趋势的不断增强,各国之间的联系越来越紧密,交流越来越频繁。若不能对其他国家的文化有深入的了解,很容易在交流的过程中产生矛盾,从而不利于世界和平的维护。文化是各国之间进行交流和合作的中间纽带,因此各国文化之间的渗透和融合是一种大趋势、新潮流。为顺应时代的发展,避免在交流过程中因为对彼此的文化不了解而产生严重的误解,要适时地进行跨文化交际能力的培养,同时这种跨文化交际能力的培养也是高校大学生寻求自身获得更好发展的必然需要。

跨文化交际能力的培养作为英语文学课程教学的主要目标之一,也是推动全球化进程所不可或缺的。当来自一种文化背景的人传递出信息,并希望来自不同文化背景的人理解时,跨文化交际就产生。人们在进行跨文化交际时会判断和评价彼此的行为,这种判断和评价往往会基于我们自身的文化认知,我们甚至意识不到这种文化认知对我们所作判断的影响。绝大多数人并不是有意对他人作出错误的评价,但这种无意识行为的影响却破坏性极强。

一、消除文化“失语症”和“自闭症”

跨文化交际能力的培养首先应当加强母语文化教育,培养文化平等意识,从而消除英语教学中的“中国文化失语症”。现实中,许多英文水平较高的青年学者无法用英语表达母语文化。究其原因有二：其一，因为受试者对中国文化知之甚少，很多学生用汉语都解释不清很多中国文化的概念；其二，受试者不知如何用英语去表达自己的文化。这种普遍存在的母语文化失语症暴露了我国大学英语教学的一大缺陷，即注重目的语文化的导入而忽视母语文化意识的培养，过分强调英美文化学习而忽视中国文化的输入。如果我们培养的学生"开口必罗马"，只能用西方语言言说西方，成为西方文化的传声筒，或是针对西方人对中国文化的误解和误读缺乏适当得体的表达方式，这种教育带来的后果长远而不堪设想。

消除母语文化失语症首先应在高校英语教学中加强母语文化教育，不断渗透中国文化元素，培养学生强烈的民族自豪感和文化平等意识。中国文化元素介入英语专业文学课堂的可行性途径包括：一是增设中国文化类的英语辅助选修课程；二是在文学课程大纲中加入反映中国文化语境的优秀英语文学作品，如中国作家所著的英文名著、英语国家华裔作家作品，以及英美名家创作的反映中国社会的英语作品和对中国经典文学名著的翻译作品；三是在教学过程中注重实践培养，强化学习者目的语文化和母语文化的双向交流。例如，在英语戏剧的学习中，鼓励学生在中国语境中改编英语原剧，获得文化融合碰撞的真切体验。

在全球化的语境下，跨文化交际只有通过平等双向的交流，才能实现沟通的双赢和多赢。英语专业文学教学中阻碍跨文化意识建构的另一"疾症"为教学中普遍存在的"文化自闭症"。这种"自闭症"并非固守母语文化，排斥英语文化，而是指有意或无意地斩断英语文学与他国文学之间的交流与联系，人为地屏蔽异质文化的影响，强行将英语文学置于一个封闭的文化系统中进行单向度诠释。这种"自闭症"的存在在我国英美文学教师中较为普遍，在其内心深处潜藏着这样一种理论预设：英美文学与文化是一个自足与自为的存在，是一个独立的文化实体，与他类文化形态无关。因此，高校英语专业英美文学教学往往只涉及英美文学本体，而"他者"文学或文化被排斥在外。这里所指的"他者"文学文化既包含被普遍忽视的英美以外的英语国家文学，同时也包括以中国文学为典型代表的非英语文学。

这种"自闭"倾向很容易妨碍学习者建构关于英美文学与文化的全面、正确的认识谱系和图式,并使得英美文学教学与全球化语境中活跃的文化交流与对话的强劲潮流相消极,进而形成对不同文化的错觉与偏执。由于英美文学大量的阅读量无法得到落实,或是由于学生认为文学学习没有使用价值而缺乏学习热情,使得文学学习演化为知识的死记硬背,客观上导致了跨文化交际中目的语文化"自闭症"现象的产生。这种现象的解决需要教师从教材选用到教学实施过程,都应坚持"系统性"原则,结合授课时间选取适量文本,力求保留文学发展概貌的完整性,同时应留有学时适量加入文学文化比较研究的教学内容,使学生得以架起跨文化的桥梁。在多维度文化导入的教学过程中,应由浅入深,分层导入。在文本教学以外,教师应鼓励学生将本民族文化带进外国文学课堂,围绕真实问题进行讨论,让学生在多维互动的教学模式中完成文化知识的建构,培养跨文化交际能力中最为核心的"文化移情"能力。

同时,消除文化"自闭症"还应着力培养学生接受文化差异的跨文化伦理思辨。黄万华教授在研究海外华人文学中提出了跨文化意识中的"异"视野和"异"形态的概念,这对人们理解英语专业文学教学中对目的语文化所应持有的文化态度有很大启发。海外华人作家具有较为自觉的跨文化意识,这使得他们能从自身的文化视角理解自己的文化,然后较自觉地把这种认知作为理解其他种族文化的基础,从而在跨文化互动中能有效地揭示他人的行为,接纳他人的情感,理解差异中的互补性,甚至相通性。对他族文化的"异"感受可能会是消极的。只有在感知西方文化的"异"中避免将他族"异类化",摆脱对西方文化的"异歧视"或者"异崇拜",同时认同自我,维系自身的主体性,才能建构真正的文化平等意识,达到一种文化融合的境界。在英语文学教学中,指导学生阅读优秀海外华人文学,这对培养自主的跨文化意识不失为一种有效途径。海外华人文学既要表达维系自己文化民族之根的焦虑(其中也会包含对于被同化的警觉和抵制),又要传达出与他民族真正沟通的愿望,这要求作家在处理不同民族题材上要比在处理其他文化差别的课题上,要有更敏锐的洞察力和更加开放的胸襟,从而由自己民族的文化传统出发,去接纳具有世界性的普遍性价值,这种进程正是多元化和跨文化协调的进程。

二、达到《普通高等学校本科专业类教学质量国家标准》的要求

(一)培养目标

外语类专业旨在培养具有良好的综合素质、扎实的外语基本功、具有专业知识与能力,能够适应我国对外交流、国家与地方经济社会发展、可应对各类涉外行业、外语教育与学术研究需要的各外语语种专业人才和复合型外语人才。

各高校应根据自身办学实际和人才培养定位,参照上述要求,制订合理的培养目标。培养目标应保持相对稳定,但同时应根据社会、经济和文化的发展需要,适时进行调整和完善。

(二)培养要求

1. 素质要求

外语类专业学生应具有正确的世界观、人生观和价值观,良好的道德品质,中国情怀和国际视野,社会责任感,人文与科学素养,合作精神、创新精神以及学科基本素养。

2. 知识要求

外语类专业学生应掌握外国语言知识、外国文学知识、区域与国别知识,熟悉中国语言文化知识,了解相关专业知识以及人文社会科学与自然科学基础知识,形成跨学科知识结构,体现专业特色。

3. 能力要求

外语类专业学生应具备外语运用能力、文学赏析能力、跨文化交际能力、思辨能力,以及一定的研究能力、创新能力、信息技术应用能力、自主学习能力和实践能力。

其中,跨文化能力是指尊重世界文化多样性,具有跨文化同理心和批判性文化

意识;掌握基本的跨文化研究理论知识和分析方法,理解中外文化的基本特点和异同;能对不同文化现象、文本和制品进行阐释和评价;能有效和恰当地进行跨文化沟通;能帮助不同文化背景的人士进行有效的跨文化沟通。

所以,按照《普通高等学校本科专业类教学质量国家标准》的要求,在高校英语教学的过程中,培养学生的跨文化交际能力可以满足时代的发展要求,迎合社会的发展需求,而且能够在一定程度上提高高校英语的教学质量。目前在高校英语教学中,教师往往强调学生语法结构、词汇、词组的学习,英语听力的练习以及口语能力的提高;也容易错误地认为,跨文化交际能力的培养不仅对学生学习成绩的提高没有实质性作用,而且对于学生英语应用能力的提高也毫无帮助。实际上,跨文化交际能力的培养不仅有利于学生对英语词汇或者语法的理解和掌握,而且有助于学生对阅读理解题中文章的理解,从而提高应试成绩。另外,通过提高学生的跨文化交际能力,还有利于学生在化解由于缺乏英语文化知识而造成的跨文化交流障碍或者误解。由此看来,跨文化交际能力的提高有利于学生英语应用能力的提高。

《中国英语能力等级量表》以语言运用为导向,将学习者的英语能力从低到高划分为“基础、提高和熟练”三个阶段,共设九个等级,对各等级的能力特征进行了全面、清晰、翔实的描述。能力总表包括语言能力总表以及听力理解能力、阅读理解能力、口头表达能力、书面表达能力、组构能力、语用能力、口译能力和笔译能力等各项能力总表。其中,语用能力量表将引导我国英语教学和测试加强对学生语言运用能力、文化意识和跨文化交际能力的培养。

可见,跨文化交际能力的培养是新时代大学生必备的素质,也是英语专业学生不可或缺的必修课。

第二节　英语文化学习的重要性

由于文学本身的特殊性,文学学习在新的挑战面前凸显出联结文化知识的输入和文化理解的优势。文学能够模拟全部人类经验语言的与非语言的经验,通过阅读分析文学作品,学习者可以获得各种文化知识。同时,文学作为民族文化的载体涉及文化的各个层面,包括大众文化习俗、价值观、时空概念等;文学作品中的文化具体而生动,都以个体出现,文化现象和语言紧密结合。

一、英语文化学习与跨文化意识培养

英国文学源远流长,经历了长期、复杂的发展演变过程。在这个过程中,文学本体以外的各种现实的、历史的、政治的、文化的力量对文学产生了深刻的影响,文学内部遵循自身规律,历经文艺复兴、新古典主义、浪漫主义、现实主义、现代主义等不同历史阶段。进入 20 世纪,美国文学日趋成熟,成为真正意义上独立的、具有强大生命力的民族文学。战后美国文学历经 50 年代的新旧交替、60 年代的实验主义精神浸润、70 年代至世纪末的多元化发展阶段,形成了不同于以往历史时期的鲜明特色和特征。

文学和文化密不可分,这一点无论在理论还是在实践中都早已得到国内外学者的认同。文化通常被分为广义和狭义两种:广义的文化是指人类在社会历史实践过程中所创造的物质财富和精神财富的总和;狭义的文化就是在历史上一定的物质资料生产方式基础上发生和发展的社会精神文化形式的总和。文化可以分为物态文化层、制度文化层、行为文化层和心态文化层四个层次,文学就属于心态文化层,是文化的核心精华部分。早在 19 世纪,英国著名的约翰·亨利·纽曼大主教就指出,文学能够提高学生的文化素养,应该得到足够的重视。许多现代语言学家也意识到文学对于文化知识传播的重要性。文学对于文化习得的作用有两点:

第一,文学是一个民族文化的缩影,它表现了民族文化的各个方面,具体而多角度地反映一个国家的传统习俗、风土人情、社会制度和哲学思想等,通过阅读优秀的文学作品,学生将有机会获取丰富的文化背景知识;第二,文学作品能唤起读者的情感反映,使其对作品的伦理和道德主题作出感性和理性的回应,从而影响学生的道德发展。我国的语言教育专家学者也认同文学和文化的密切关系。文学作品往往能够提供最生动、具体、深入、全面的材料,使读者从中得到对西方文化的"有血有肉"的了解。

在英语课堂教学中,英美文学和文化也是共浮沉,两者在英语教学中的作用都经历了历史的变迁。文学曾经是外语院校英语专业学生的主修课,占用了大量的课时和师资。英语学习教材也选取了许多文学性很强的课文。在社会批评理论的指导下,文学作品的分析很重视社会、文化背景。随着时代的变迁,语言本身得到了空前的高度重视,教学目的偏向于对英语的功能性掌握,划定固定的词汇、语言结构和功能,这些都要求学生熟练掌握,以满足其特殊工作或研究需要,但割裂了文化背景的语言必然单调而空洞,学生无法用它确切而得体地表达意思。因此,如何在语言教学中教授文化知识是一个很大的难题。随着中国经济的发展和世界经济的全球化,人们除了需要扎实的语言功底、过硬的交际能力外,还应有较高的文化素养。因此,在讲授外国文化知识时,不能仅停留在介绍肤浅的文化背景知识或外国文化概况的层面上,也不能仅将文学作品作为一种阅读材料、提供一定文化背景知识的工具,而是要做到英美文学与文化教学的有机结合。具体介绍如下。

(一)跨文化意识培养是英语文化学习的重要组成部分

文学承载着一个国家的文化,寄托着一个民族的精神和灵魂,反映着一个国家的文化传承、风俗习惯、精神风貌等。同样,英语文学中承载着以英语为母语的一些国家的风俗文化和风土人情。通过学习英语文学就能对这些国家的政治、经济、社会、思想有所了解,也即在进行英语文学阅读和鉴赏的过程中,就在潜移默化中培养了学生的跨文化意识。

（二）跨文化意识能够提高英语文化的学习效果

跨文化意识不仅要求学者能够对外国文化进行主动、有意识的了解，而且要求学者具有通过将国外文化与本土文化进行对比，发现两者异同，进而提高自身文化敏感度的意识。一旦跨文化意识得到提高，在进行英语文学鉴赏和学习的过程中，学生就能主动地在英语文学中发现以英语为母语的一些国家的风土人情、风俗习惯、民族精神等。除此之外，跨文化意识较强的学生还能够结合本国文化，找出这些国家的文化与我国文化的异同，并能够有选择性地汲取外国文化中的精华，而剔除外国文化中的糟粕。通过学生自主学习和对比学习，必然会加深对英语文学的理解，从而提高英语文学教学的质量，增强英语文学教学的效果。

（三）英语文化是培养跨文化意识的有效途径

文化在文学中得到体现，而文学的一个重要价值就在于文学中蕴含了文化。例如，一部以人物为主体的文学作品，在讲述主人公成长和发展历程的过程中，必然会交代人物成长的背景，而人物成长的背景也就反映了在某个时期、某个国家的一些政治风貌、风土人情、思想习惯等。而文学中人物的精神和性格特点也就反映了某个时代的某一群社会人物的特点，而这些人物的特点又从侧面反映出当时这个国家的经济发展状况以及整个社会的发展状况，而人物精神也是社会精神在某种层次上的一个反应。

从文学内容这个层面上来说，英语文学有利于在潜移默化中培养学生的跨文化意识。另外，学生在进行英语文学阅读的过程中，对于不能理解的词汇或者段落，可以通过查阅不同的翻译版本来帮助自己理解。而在对不同版本的翻译进行阅读和理解的过程中，学生会自然而然通过对比来找出最佳的翻译版本。而在对比的过程中，学生也就学会了处理两种文化在交融过程中出现的一些冲突和矛盾，使得两种文化很好地融合，这也就将跨文化交际意识提升到了另一个层次。

二、英语文化学习的必要性

语言教学是一门综合的学科,它不单指对英语词汇语法的记忆、掌握和运用,还需要对文化背景知识的了解和掌握。如同一个人拥有骨骼肌肉的同时,还必须有血脉联络整体,文化就像血脉激活了生命。文化的内涵高深广博,无所不包。精通掌握语言的人,必定是一位充分了解东西方文化历史背景、社会风俗习惯和人文礼仪的人。谈到语言的学习,就必须有文化作为肥沃的土壤,为语言这棵苗木提供营养。英语教学的最终目的是运用语言达到交际的目的,而学习语外知识、掌握英语技能、提高应用英语的能力与熟悉英语国家的文化密不可分。

美国著名语言学家萨丕尔曾说过,语言的背后是有东西的,而且语言不能离开文化而存在。英语教学不仅要求学生具有"语言能力",而且还要具备"交际能力"。英语不仅要作为知识来掌握,更要作为一种语言,一种交流工具来使用,这就要求学生在学习运用英语时,不仅要"合乎语法",而且要恰当、得体,可以为人接受,同时也要求教师除了传授正确的语音、语调、语法知识,也不可忽视语言背景,文化的渗透。因为语言是文化的载体,是文化的主要表现形式。语言是随着民族的发展而发展的,语言是社会民族文化的一个组成部分。不同民族有着不同的文化、历史、风俗习惯和风土人情等,各民族的文化和社会风俗又都在该民族的语言中表现出来。语言离不开文化,文化依靠语言。因此,英语教学是语言教学,但离不开文化教育。我们要培养具有跨文化交际能力的英语人才,就需要在英语教学中融入文化知识教学和文化理解教学。

三、英语文化学习的意义

(一)有助于提高学习兴趣,调动学生的学习积极性

将文化教学贯穿于英语教学当中,便能使整个教学过程变得丰富多彩,有助于激发学生学习英语的兴趣,进一步增强英语语言感受能力。英语教学往往把一篇课文分成几个部分,概括大意,分段讲授单词、词组、句型结构以及相关语法等,让

学生记笔记,背笔记,课堂内容枯燥,学生学到的只是机械化的、公式化的语言。学生的书面作文常常是语句生硬、别扭,前后不连贯,语意不清晰。一个典型的问题就是用汉语的句式套装英语的词汇,写得不伦不类的"中国式英语"。因此,高校英语教师应当把文化教学列入教学范畴,培养学生的英语思维能力。英语课内容选材丰富,内容涉及历史、地理、社会、人文和价值观社会观念等。在讲解课文的时候介绍相关背景知识,可以帮助学生更好地理解课文,加深印象。例如,在英语教学中,结合与颜色、动物等相关的事物、典故等,可以让学生更好地理解课文,加深印象。还可以调动起学生的兴趣和积极性,从而活跃课堂气氛,使英语教学变成学生愿意接受并乐于接受的过程。众所周知,学习兴趣是学生非智力因素中最可利用的有效因素,在英语教学中加入文化教学正是很好地利用了这一有效因素为教学服务。

(二)有利于培养学生的交际能力

语言的基本功能是交际。一个成功的英语教学过程是要帮助学习者培养良好的交际能力。在英语教学中加入对文化的导入,能够培养学生对西方文化差异的敏感性,提高语言能力和交际能力,避免中国式英语在对外交流中产生误会,甚至冲突。因为语言错误至多是语不达意,无法将心里要说的清楚地表达出来,而文化错误往往是本族人与他族人之间产生严重误会。这常是由于中国人的思维加上英语的表达方式影响了交际,无法实现知识能力与语言能力的平行发展。因此,教师应加强文化意识,同时注重对学生文化知识的传授,在英语教学过程中,一定要注重语言和文化的关系。要注意英汉两种语言及文化的对比,注意挖掘课本中的文化因素,提高学生的跨文化意识,不断提高学生对中西文化差异的适应性和认同感,消除文化差异带来的文化交际障碍。同时,教师也要不断补充新知识,注重对文化背景知识的了解和学习,注重自身英语文化的提高,从而可以不失时机地向学生灌输相关的背景文化知识,使学生在实际交流中具备多元化的包容性,更好地掌握和运用所学知识交流和沟通,使学生真正掌握英语,不断提高他们的跨文化交际能力。

（三）有利于促进学生的自身发展

在英语教学中融合文化教学,有利于学生打开眼界、开阔思路,借鉴西方优秀行为习惯,提高学生自身素质和修养,使其得到一定的艺术修养和中外文化精髓的熏陶。例如,介绍西方人守时的习惯,有利于培养学生珍惜时间的好习惯;介绍西方青少年的独立意识,有利于培养学生的胆识、勇气,增强他们的独立意识。这些都是我们可以通过文化教学进行提高和改善的。同时,文化教学还可以满足学习者调整自身知识结构的要求,为今后进一步的文化学习和研究打下基础。也可以帮助学习者适应学业结束后职业岗位的要求,如翻译、旅游接待、宾馆服务等岗位都需要掌握外族文化。英语学习不仅是单一的学科知识,它涉及方方面面,因此注重跨文化意识的培养,适应文化融合的需要,可以促进学习者的全面发展。

第三节　跨文化能力培养策略

一、促进学生文化多元主义思想的发展

（一）培养学生积极看待异文化并促进其对自我价值的认识

对于英语专业学生来说,他们大多对英语文化只有粗浅的了解,也少有与来自英语国家文化中的成员的交往。因此,应当引导学生在跨文化交际发生之前和进行当中,先假设来自异文化的对方是善意的,是寻求与自己的理解和交流的,假设异文化和中国文化在深层次上有很多共同点。这样积极地看待异文化及其成员的态度,也会辐射到跨文化交际的对方,促进双方的好感与信任感的建立,形成一种有益的跨文化交际场景,促进跨文化交际的良性循环。这样,在这个过程中,即使出现文化差异或令人困惑的情况,双方也能遵从与人为善的原则,共同找到解决办法。

要培养英语专业学生对英语文化的积极态度,使他们对自己尚不了解的陌生的人和事物首先假设其为"善"和"好"的,这种思想符合对中国文化产生重要影响的"性本善"说,如《三字经》就开宗明义地强调:"人之初,性本善;性相近,习相远。"引申到跨文化交际中,我们可以理解为,不同文化中的成员其本性首先是善的,虽然各文化的习俗、文化的表象相互差异,但是人们的本性相通相融。有了这样积极的假设,即使在跨文化交际中遇到困惑、矛盾甚至冲突,也会让人有信心去面对、去解决。相反,如果在跨文化交际尚未进行之前,就假设来自异文化的他者是"性本恶",处处疑心、设防、过分敏感、封闭自己甚至主动攻击对方,这样就会对自己的跨文化行为产生极其负面的影响,很容易形成"自我实现的预言"。

跨文化能力不是独立于人们个性之外的一种附加能力,而是个性的有机组成部分。所以,要培养英语专业学生的跨文化能力,就应当促进学生个性的发展,引导他们积极看待自我,并帮助他们实现自我价值。只有在学生充分认识并能不断实现自我价值的基础上,才更容易向来自异文化的人开放自己。因此,在英语教学中,教师应当充分尊重学生,尊重他们彼此的个性,应当给学生留有发展和展示其个性的空间,鼓励学生提出独立的见解,帮助学生充分发挥各自的优势,培养他们的独立人格,培养其不断发展和实现自我价值。

高校教育应注重人文性和教育性,应将人才培养置于"素质教育"框架之中,使大学生作为一个人的整体素质和个性发展方面得到最大限度的提高。

(二)鼓励学生勇于探索母文化与目的语文化

很多专家指出,如果对异文化怀有浓厚的兴趣,更有助于人们设身处地地去理解异文化的成员,有助于培养跨文化移情能力。因此,要培养和促进英语专业学生的跨文化能力,应当培养他们对于新事物的好奇心和勇于探索的精神。应当让学生领悟到,学习就是要抓住开阔眼界、发展个性的机会。

要培养英语专业学生的跨文化能力,很重要的就是要培养学生对母文化和异文化的兴趣,如孔子在《论语》中言:"知之者不如好之者,好之者不如乐之者"。所以,应当鼓励学生始终保持对异文化的好奇心和了解文化之间相同处与差异性的广泛兴趣,促使他们愿意与异文化成员交往,并共享知识与信息。

在教学过程中,教师应当帮助学生了解一些英语国家文化与中国文化的主要差异,以使他们对于跨文化交际有足够的心理准备。但同时应当向学生指出,英语国家文化中也有与中国文化相同或相似的地方,如很多价值观是很多文化共有的,只不过这些价值观的重要程度在各个文化中不尽相同,并且这些价值观通过不同的形式表现出来。

在高校英语专业教学过程中,为了提高学生对英语文化的兴趣,应当注重利用各种媒体将英语文化以丰富多彩的形式展示出来,增强学生对英语文化积极、全面的感性认识,增强其探索文化的兴趣,以便促进学生在不断的探索过程中,培养其跨文化宽容度和移情能力,同时培养他们对英语文化的尊重和跨文化敏感性。

(三)培养学生多视角看待问题的能力

很多研究表明,产生文化之间的误解和冲突的重要原因在于,人们大多会戴着母语文化的视角看世界,将母语文化的思维方式、行为方式、价值观等看作放之四海而皆准的共同点。因此,在培养英语专业学生跨文化交际能力的过程中,应当帮助他们意识到自己身上所存在的民族中心主义思想,并通过教学和实践逐步加以克服。

理解他人基于自我理解,首先可以帮助学生批判性地审视自己惯常的思维方式、行为方式和价值观。使学生认识到每一个人都是受到生活其间的文化的影响的,学习者对潜移默化形成的价值观和参考框架进行反思和质疑,这种自我反思能减少或消除民族中心主义思想。因此,有必要首先引导学生分析文化对自我的影响,培养文化省思能力,如分析自己在何种程度上受家庭、所属集体、教育、社会、价值观、传统等的影响。通过自我分析,可以帮助学生认识到民族中心主义思想的存在,并在一定程度上加以克服,从而不以母文化的"有色眼镜"看待另一种文化。

此外,自我分析也可以帮助学生批判性地审视自己惯常的思维方式、行为方式和价值观。这种审视最好在有参照的情况下进行,因此可以让学生首先比较来自不同地域的学生的不同的文化烙印。通过与其他同学的交流,增强学生的移情能力和多视角看待问题的能力,培养学生在与他人交际中的敏锐洞察力以及宽容待人的态度,克服自我中心主义观念,进而克服民族中心主义思想。

一般只要没有离开自己熟知的文化环境,人们很难意识到自己身上民族中心主义思想的存在,因此应当鼓励学生到新的、陌生的文化环境中去,鼓励他们去接触和认识不同的文化世界。中国是一个多民族多文化的国家,可以首先鼓励学生利用假期到其他地区,了解当地的文化,也可以建议学生到与自己熟悉的生活环境完全不同的地方,去考察和体会不同的生活,例如可以让来自 A 地区的学生与来自 B 地区的同学各自到对方的家庭生活一段时间。学生可以将他们的体验记录下来还可以通过电子杂志,把这些体验用生动的形式记录下来,互相分享。

当然,如果能与来自英语国家的人进行真正意义上的跨文化交际实践,更能帮助英语专业学生克服民族中心主义思想,培养学生多角度看问题的能力。通过这样的体验和交流,可以帮助学生看到不同的生活方式有其各自合理的背景,帮助他们对自己司空见惯的"标准"进行反思,使他们看到自己的生活方式和价值观不是唯一正确的,同时也培养他们利用多视角看待问题的能力。

此外,尽量了解不同国家的成员对中国文化的看法,也有利于克服民族中心主义思想。我国少部分高校外语专业所开设的"外国人看中国文化"等课程就有助于启发学生多视角批判性地看待自己的母文化,从而促进其文化多元主义思想的形成和发展。

在对目的语文化特别是该文化中所使用的言语表达的理解方面,应当培养学生不以"中国人之心度外国人之语言"表达,不用中国文化的思维定式看目的语文化成员的交际方式。应使学生学会在跨文化交际的同时,跨出母文化的思维定式,从更新、更高的角度甚至多维度来理解异文化的人和他们的言语表达。这种方式,不会使人丧失对母文化的认同感,而是会加深和改善对母文化、对他人、对外界的认识。

在培养英语专业学生跨文化能力的过程中,要培养他们从新的视角,即从超越母文化和异文化的跨文化视角,用第三视角去审视英语文化。我们在理解他我文化时应超越本我文化视角,用介于本我文化和他我文化之间的新认知视角,即用第三视角去审视本我文化和他我文化。这里所指的第三视角是介于母文化和异文化之间的、独立的第三认知点。

英语专业学生以英语为主要学习对象,教师应当引导学生扩大跨文化视野,从了解和理解中国文化、英语文化,到对更多的文化有所了解和研究,以形成国际化的视野,让学生具备对多元文化的敏感性,提高跨文化实践能力。

以上建议可以为培养学生的文化多元主义思想打下很好的基础。这样,随着英语学习的不断进步、对英语文化更多更深入的了解,随着越来越多的跨文化经验的积累,学生们就会更加尊重异文化,更加理解相应的英语文化成员的价值观、思维和行为方式,从而不断提高自己的跨文化能力。

(四)培养学生的文化敏察力和跨文化移情能力

一个具有较强文化敏察力(又称文化敏感性)的人,对跨文化交际过程中的文化异同、轻重缓急、敏感地带等十分敏感。跨文化能力培养的一个重要方面就是培养学生的跨文化敏察力,使其了解掌握异文化的主要价值观、思维方式和行为方式,具有对异文化基本特征的感性和理性分析能力。培养学生的文化敏察力,就是培养他们对文化表层的现象有敏锐的感知和觉察,同时培养他们探究和分析文化表层现象背后的文化深层原因和本质的能力。

文化敏察力不是与生俱来,而需要通过学习形成。文化敏察力的培养需要由表及里、由浅入深、循序渐进地发展。在英语专业学生跨文化能力发展的初期,可以训练他们对处于文化表层的母文化和异文化基本特征进行观察与描述,训练他们发现常人不易发现的事物与现象。在此基础上,引导他们对所感知到的事物与现象进行文化比较和文化深层次原因分析,同时学习多视角看待和分析问题,尤其学习从异文化成员的视角来感知、判断和分析事物和问题,进而提高跨文化移情能力。

跨文化移情能力是指尽量站在来自另一文化的他者的立场去思考、去体验、去进行跨文化交际。也就是"己所不欲,勿施于人",是"己欲立而立人,己欲达而达人"。培养跨文化移情能力,就是要跨越和超越母文化的局限,使自己处于异文化成员的位置和思维方式,以对方视角感悟对方语言环境,理解对方的思维和感情,从而达到移情或同感的境界。

跨文化移情能力也包括站在对方的角度来理解其交际的意图。这种移情能力建立在对交际伙伴的文化有深入和多方面了解和理解的基础之上。因此,要培养跨文化移情能力,必须加强对异文化的学习。

培养英语专业学生的跨文化移情能力,还包括帮助他们认识到来自英语文化的成员可能感知到自己不曾感知到的东西,看到他们对所感知到的东西可能有与自己不同的诠释。

二、促进学生对母文化和目的语文化全面深入的认知和理解

(一)拓宽和加深英语专业学生对中国文化的认知和理解

对母文化的全面和深刻的认识是了解异文化的重要前提。英语专业学生对中国文化的了解,将是他们在跨文化合作实践中极大的优势,因为很多在华的国际企业正是希望利用中国员工对中国文化的了解,来寻求符合中国国情的解决方案,期望他们在中外跨文化交际中具有桥梁的作用,从而实现这些企业的在华投资的目标。因此,促进中国英语专业学生对母语文化全面深入地认知和理解、培养他们向外来文化的成员传播中国文化的能力至关重要。只有在了解了中国文化的基础上,才能客观地看待中国文化,认识到中国文化中的认知、思维和行为方式不是放之四海而皆准,从而提高对异文化的敏察力和宽容度,提高跨文化能力。

　　培养英语专业学生的跨文化能力不仅在于提高他们的英语语言交际能力,同时需要他们了解英语国家的文化,但这绝不意味着要他们把中国文化的根拔出来,离开母文化的土壤,完全"跨"上目的语国的文化土壤上重新生长,而是要在两种文化之间架起桥梁的作用。正如民族中心主义有碍于跨文化能力的培养一样,对母文化的无知,甚至对自己文化认同感的放弃同样会妨碍跨文化交际的进行。

　　应当加强英语专业学生对中国历史文化的了解和研究,开设一些中国国学的选修课,通过对中国文化的学习,尤其是通过对中国文化中积极的社会主义核心价值观内容的学习,增强学生的母文化价值感和民族自尊心,提高学生的文化素质和学养,增强他们弘扬中国传统文化的意识和主动性。理解和认同母文化,可以帮助学生理解和尊重其他的文化,进一步拓展自己的跨文化心理空间,对文化的多元性展现出一种大度,形成兼容并蓄的跨文化人格。同时,使学生在跨文化交际中成为有价值的、受欢迎的交际伙伴,因为异文化成员在与中国学生交流过程中,大多是希望对中国文化有更广泛和深入地了解。

　　需要指出的是,了解中国文化不仅包括了解中国传统文化的精髓、了解中国的主流文化,同时也包括了解中国丰富多彩的亚文化。很多在国际企业工作的中国员工,他们所面对的服务对象大多是中国人,而他们因其所属不同的亚文化而不同。了解中国文化的多层次性可以帮助人们成功地进行跨文化交际,做好中国文化和异文化沟通的桥梁。

　　大学生更应了解中国文化、将中国文化的精髓贯穿到跨文化交际中,强化学生的人文精神、价值观,提高他们的人文素质,培养他们在中外文化之间的沟通能力。这可以极大促进他们跨文化能力的提高,同时也为促进真正意义上的跨文化对话作出贡献。在英语教学中,应当训练学生描述、分析和传播中国文化的发展历史、社会主义核心价值观、思维方式和行为方式的英语表达能力,培养他们对中国文化与目的语国家文化各方面进行比较的能力,同时也帮助他们学习用异文化成员的眼光来审视中国文化,从而使他们能从不同角度认知和理解中国文化。

（二）学习目的语文化

语言本身就是文化的一部分,但仅具有英语能力并不意味着具有跨文化交际能力。对目的语文化背景的了解可以促进对目的语的理解。在英语教学中,要使得学生尽量真实切近和全面地感知到目的语文化,将涉及这一文化的历史、社会、经济、政治、生活方式等方面的内容融合到英语教学之中。在这一过程中,应当注意到,文化是不断发展变化的。同时,同一时代的文化也有不同层次、多个方面,应当培养学生以发展的眼光多视角地认知和分析目的语文化,帮助他们克服偏见,并避免他们对异文化产生刻板印象。因此,应当从历时性和共时性两个方面同时将目的语国家文化融入英语教学中。

在此基础上,还要培养学生具备掌握目的语国家文化的能力,即先宏观地了解目的语文化,再从中观(如地域文化、某一领域的特征、各时代人的不同特征)和微观(如异文化成员的个性特征)的层面观察、分析和理解它,最后达到宏观、中观和微观的整体了解和理解。

当然,以上所描述的全面了解和理解某一异文化是一个循序渐进的过程,对于跨文化经验尚不丰富的大学生来说,对某一国家的文化了解比较肤浅笼统,或是对这些了解充满矛盾和困惑,这些现象都是跨文化学习过程中出现的正常现象,作为教师应当帮助和引导学生来处理这些问题。了解某一异文化的过程就是首先培养对这一文化的兴趣和好奇心,通过不断的学习、观察和思考,增强观察力、判断力,尤其是增强多视角、多层次认知异文化的能力,以不断趋近全方位了解和理解异文化的能力。

使英语专业学生明白英语文化与中国文化存在差异这一点自然是重要的,但同时,高校英语教师还要引导学生找到两种文化在深层次上的共同点,在了解"习相远"的同时,也要把握那些"性相近"的文化共同价值。如前文所述,在"求同"的基础上,"存异"对于培养跨文化能力也至关重要。

要深入了解英语文化,除了从中国人及英语文化成员的角度分析英语文化之外,还可以通过阅读和讨论的方式,了解其他文化成员对英语文化的看法和评价,从而使学生更加全面深入地理解英语文化。此外,我们应当看到,文化知识浩如烟海,绝不可能将英语国家的文化知识完全传授给学生,而且也没有必要,重要的是讲授态度、观念、策略和方法。

(三)跨文化交际理论的学习与文化比较

要培养英语专业学生的跨文化能力,在帮助他们深入全面地认识和理解中国文化和英语文化的同时,还应当向他们传授有关文化学和跨文化交际学的理论知识、研究方法和重要研究成果。其中包括文化的特征、文化的发展规律、跨文化交际的特点和规律,描写和分析文化的方法、工具、模型等。应当了解和批判性地分析目前比较有代表性的文化和跨文化交际理论和模式,如霍尔的跨文化分析模式、霍夫斯泰德的文化维度理论、琼潘纳斯和特纳的文化维度理论等。事实上,越来越多的大学都开设了"跨文化交际"课程,这里需要强调的是,不要仅照搬西方的理论,而应当在吸纳这些理论的同时,构建中国自己的跨文化交际理论体系。

在跨文化交际理论的指导下,可以引导学生利用所学的文化分析方法,对英语国家文化与中国文化进行比较。这种比较应包括国民性格、价值观、思维方式、行为方式、习俗规范、时间观、空间观、非言语交际方式等方面。尝试让学生挑选不同的主题,对中国和英语国家文化的某一方面进行比较和分析,找出异同,引导学生收集显示文化异同的数据和案例(在收集过程中学生也能锻炼其文化敏察力和批判性思维),并尝试去探究导致差异的深层次文化原因(可指导学生提出假设,再在理论研究的指导下,通过科学的方法作出结论。在这一过程中,培养学生的分析和解决问题的能力),之后建议以研讨会的形式将结果进行演示和报告。

以上所描述的文化比较应当看成是学生跨文化学习过程的一个重要环节,在文化比较的某个专题研究结束后,要帮助学生对其跨文化学习进行总结(包括理论和方法总结),可建议学生准备一专门的文化比较文件夹,以影响跨文化交际的不同基本因素为主题,不断丰富相关的资料。这种文化比较一般是指主流文化的比较,因为把握了一个民族总的思维方式和价值取向,便容易理解和解释许多其他层次的文化现象。

(四)融通中外文化

在欧美很多语言中,"交际"一词来源于拉丁语,其原意有"共同分享""互相沟通""共同参与"的意思,这也意味着交际是交际伙伴的相互沟通分享信息的过程。所以,如果在跨文化交际中不会用外语来表达和传播母文化,跨文化交际就成了单向的文化流动,就不能成为真正意义上的"跨文化交际"。交际的双方只有互通有无,才能使交际顺利进行。

对于英语专业学生,跨文化交际能力的重要表现是能在中国文化与英语文化之间起到桥梁的作用,学会用英语表达自己的观点,包括向英语文化成员传播中国文化。在交际的过程中,要充分达到"共同分享""相互沟通",要达到这一目的,其重要前提是深入全面了解和理解中国文化和英语文化。由北京大学乐黛云主编的《跨文化沟通个案研究丛书》共 15 册,详细记录了包括冯至、傅雷、梁实秋、林语堂、钱钟书、朱光潜等著名学者的跨文化人格成长之路,探讨了他们如何在继承中国传统文化的基础上吸收西方文化的。他们如何养成贯通中西的学养,既崇尚中国文化,又谙熟西方文化,亦中亦西,并且在中西文化之间成功架起桥梁。这些学者是英语专业学生培养跨文化能力的楷模。

在《外语教学与文化》中,胡文仲和高一虹将具有扬弃贯通能力、学贯中西作为具有跨文化能力的标志之一,而"贯"即连接、贯通,而不是放弃。因此,具有跨文化能力的一个较高的境界就是融通中外文化,是能在吸收异文化精华的基础上弘扬中国文化,能把中外文化融入自身人格的养成中,在跨文化交际合作中,知己知彼,具有深而广的文化学养和博大的胸襟。因此,在英语教学中,不但应当重视用英语来叙述英语国家的文化、社会、政治和经济现象,同时也要培养学生用英语向英语国家成员阐述中国文化渊源、价值观、思维方式、行为方式、社会现象等的能力,从而提高其跨文化交际能力。英语专业学生不应被培养为崇洋媚外的民族虚无主义者,也不应是因循守旧的狭隘民族主义者,而是应当被培养成文化使者,培养他们在吸收其他文化精髓的同时,也能弘扬中国文化。在跨文化交际与合作中,通过自己的跨文化能力,既让中国了解世界,又让世界了解中国。

三、培养英语专业学生的跨文化行为能力

促进跨文化行为能力发展的关键能力和个性特征有:适应能力、独立行为能力与责任心、灵活性、跨文化交际能力、团队合作精神、求同存异的能力、文化协同能力、文化沟通能力。培养学生的跨文化行为能力主要可以从以下几个方面来开展。

(一)培养跨文化交际能力以及"就交际本身进行沟通的能力"

要培养学生的跨文化能力,英语能力至关重要。毋庸置疑,对于大学英语教学来说,培养学生的英语能力和跨文化交际能力是其重要任务。英语学习的最终目的是利用英语进行跨文化交际。在英语教学中,应当不再以培养学生成为 native speaker 为目标,而是培养他们成为具有双重文化人格的 intercultural speaker。而跨文化交际者有着那些仅掌握一门语言的"母语者"所没有的优势,即他们对自己文化的掌握和在中英文化之间进行跨文化交际和传播的能力。

英语专业学生们需要知道的是,学习英语本身并不是最终目的,重要的是利用英语进行跨文化交际。而中国学生在学习英语时,往往非常重视词汇和语法,因为害怕犯错误而不敢交际,这样的做法无异于舍本逐末。

在以跨文化交际能力为目标的培养方针指导下,英语主要被看作是交际的工具。在课堂上可以通过各种教学形式,来培养学生利用英语认识和理解目的语文化、传播中国文化、对中国和目的语文化进行分析比较、对跨文化交际进行准备、预测、引导,以达到令双方满意的有效的跨文化交际。同时,也包括培养学生利用英语与来自英语国家的成员建立和维护信任关系的能力、表达不同意见的能力、通过沟通处理问题和矛盾的能力。

在前文所叙述的交际的四个层面中,言语交际在跨文化交际中起着核心的作

用。跨文化交际也是人际交往,对人的了解与研究也至关重要。不同文化之间的交流和交往大多由个人来承担,这就要求个人要有很强的交际能力,广博的中英语言、文化知识和积极的交往态度,即使在复杂的跨文化交际场合中,也能随机应变、因势利导、掌握主动。

就交际本身进行沟通的能力也包括与交际伙伴事先约定交际规则:如约定每次会谈的主要内容用文字的形式记录下来;在讨论过程中就事不就人;在对方未说完之前不要打断他等。通过对交际规则进行沟通,可以提高交际的效率,避免误解的产生,保障交际的成效。因此,应鼓励学生有意识地将英语作为工具,将交际本身作为交际的内容,主动避免跨文化交际过程中有可能出现的误解、障碍甚至冲突,有意识地疏通跨文化交际的渠道,提高交际的效用,促进和改善跨文化交际。

在培养英语专业学生的跨文化交际能力以及就交际本身进行沟通的能力的过程中,教师应当在英语教学的课堂中设计不同的交际场景,以提高学生的跨文化交际能力。应当将以教师为中心、以知识传授为中心的教学形式发展为以学生为中心、以交际为中心的教学互动形式。

(二)培养英语专业学生在求同的基础上存异的能力

不同的文化之间不仅存在差别,同时也具有很多相同点,找到文化之间的共同点是跨文化合作取得成功的重要基础,"求同存异"也是跨文化合作中行之有效的策略和方法。在全球化的今天,求同的策略也是全球化发展的需要。人类面对着很多共同的问题,需要在"同"的基础上去共同解决。同时,"求同"符合中国文化的社会主义核心价值观,中国人的大同世界观不仅认为天下一家,且视天地万物为一体。在跨文化交际与合作过程中"求同",符合中国文化中的"世界大同"的价值观,是创建和谐的跨文化关系的重要途径。

我们知道,在跨文化交际与合作过程中,人们会遇到比在单一文化中要复杂得多的问题。尤其在跨文化交际的双方对彼此还缺乏了解和信任的情况下,"求同存异"可以帮助人们克服陌生感,寻找自己所熟悉的东西,增强与来自异文化的合作伙伴进一步交流的勇气,增强对跨文化交际与合作的信心,并将跨文化合作进行下去。在"求同"的基础之上,即使看到文化差异的存在,也不会气馁,不会踟蹰不前。因此,"求同存异"可以使人们的跨文化行为由被动变为主动,是处理纷繁复杂的跨文化交际问题、解决各种矛盾卓有成效的策略。

培养学生求同存异的能力还包括引导学生认识到,文化差异并不一定会自动导致文化冲突。不能将跨文化交际过程中出现的所有问题都归咎于文化差异,要看到文化之间的共同点和相似点,以便找到跨文化沟通的基础。需要指出的是,"求同"并不意味着要否认和忽视文化之间差异的存在,或是刻意回避差异,更不意味着放弃自己的文化,一味地追求与异文化的一致。不同的文化之间既有"性相近",又有"习相远",它们是同一事物的不同方面,构成整体。"异""同"之间是相互关联和变化,求同存异,是对"非此即彼"的二元论的批判,承认"同"与"异"同样存在,并且同中有异,异中有同。

(三)培养学生的跨文化协同能力与团队合作能力

在英语专业学生跨文化能力培养过程中,要引导学生观察和发现异文化和中国文化的差异、产生这些差异的原因以及处理这些差异的策略、方法与途径。

跨文化交际研究学科的一个重要原则是认为不同的文化平等。在坚持这一原则的同时,学生们也应当看到,与此同时存在的情况是,地位和角色的不同也会影响跨文化交际。例如,在华的跨国企业中,很多高管人员都是来自其他国家,在中国员工与这些外国高管人员的跨文化交际过程中,中外代表的身份不同往往被诠释为文化的不平等。应当帮助学生认识到这些差异主要是权力距离造成的,而不是归咎于文化。

如前文所述,民族中心主义思想普遍存在,文化优越感也是自然现象,而一个国家政治、经济实力越强,越会促进这种文化优越感表现出来。

正如很多专家在访谈中所指出的,不同文化之间的差异也可以对跨文化交际与合作起到积极作用,不同文化之间的影响与融合,可以给文化带来新的生命力。差异往往可以是对母语文化的补充和丰富,借鉴其他文化,可以使母文化获得新的发展。因此,文化之间的差异并不可怕。事实上,中国文化的发展过程本身也是求同存异的结果,是母文化融合外来文化而不断发展的成功例证。因此,应当培养学生在跨文化团队中多向他人学习,将中国文化与目的语文化中的差异创意地加以利用,创造出一种"第三种文化",从而使不同的文化融合在一起,产生文化协同效果。

学生们不仅要学习如何尽量减少与英语国家成员在跨文化交际中的误会、避免冲突,而且应变被动为主动,积极寻找不同文化之间的共同点,以此作为跨文化合作的重要基础。同时尊重各种文化的独特性和多样性,尊重不同的价值观、思维观和行为方式,积极、自如地处理文化差异,并利用这些文化差异,寻求跨文化协同效应。因为我们在跨文化交际中,不需要追求以文化之间的"同"压倒"异","求同"与"存异"可以协调存在。

在前文所述的实证研究中,很多专家指出,在跨文化职业实践中,人们往往需要与不同文化背景的同事或伙伴合作,团队合作能力具有重要意义。因此,在英语教学中,应当注重培养学生的团队合作能力,如可以以一些跨文化交际实践项目为主导,安排学生针对不同的跨文化主题在课外进行调研,使学生在与英语国家文化成员进行跨文化交际的过程中获得跨文化行为能力。这样的调研项目可以分组进行,以培养学生的团队合作能力与责任心。在英语课堂上,学生可以展示和陈述他们的调研结果,并就相关的主题与其他学生展开讨论。

第三章 跨文化视野下英语教学的思维

第一节 跨文化交际英语教学基础

语言变化与社会发展同步进行,英语教学作为一门应用型学科必须以社会发展的需要和学习者个人进步的需要为出发点,从而帮助学习者适应社会的政治、经济及文化发展为己任。跨文化交际成为当今世界的时代特征,跨文化交际能力成为学习者适应这一时代发展需要的必备能力,跨文化英语教学在这种背景下应运而生。

一、高校英语跨文化教学理论基础

(一)语言与文化、语言教学与文化教学的关系

语言与文化之间密不可分的关系已经得到广泛认可。传统英语教学的基础学科——语言学,也从单纯的语言形式研究的禁锢中解放出来,衍生出了社会语言学、语用学、心理语言学等分支学科,并进行了大量跨学科研究,使语言与思维、社会、文化和交际之间千丝万缕的联系逐渐被认识。任何一种语言的产生和发展都依赖于该语言群体及其赖以生存的社会文化。语言不仅具有表情达意的交际功能,它还是感知和思维的表现系统,前者是语言的外显功能,以语言输入和输出为形式;后者是语言的潜在功能,属于认知心理活动。两方面相辅相成,构成语言使用的全过程。

任何人际之间的交际都是从个体对外界环境进行选择性的感知开始,这个感

知活动受个体的语言、文化和经历的影响。通过各种身体器官（视觉、听觉、触觉等）感知的结果然后经过大脑活动转换成概念或思想，这两个过程构成语言表达的第一阶段，即输入、内化阶段。要让对方知道自己的思想，还必须借助语言系统外化自己的感知结果和思想，这就是语言使用的外化、输出阶段。这一过程首先是将已经形成的概念和思想转换成能用外化的一个新的符号系统。这不是真正意义上的语言学习，在这种情况下，学习者学到的只是一套脱离了原来赖以生存的文化内容的符号系统，学习者只能用它来表达自己本族文化的一些思想内容，却无法将其作为与目的语语言群体进行交流的工具，因为离开了该语言所反映的社会文化现实，这一新的符号系统就好像一个没有了血肉的、僵化的躯干，失去了其原有的活力和价值。贝内特将这种熟练掌握了一门外语的语言体系，但是不懂该语言所蕴含的社会文化内容的人戏称为"流利的傻瓜"。他指出，这些"流利的傻瓜们"尽管懂得交际对象的语言，但是由于不理解他们的价值观念，所以会陷入各种麻烦之中，不是去冒犯别人，就是感到被别人冒犯，久而久之就可能对交际对象形成负面、消极的看法。

英语学习的目的多种多样，但是就正规的学校英语教学而言，提高学习者英语交际能力是一个共同的目标。英语交际能力的提高必然要求学习者了解目的语言反映的文化意义系统，通过将目的文化与本族文化进行对比，调整和修改自己的认知图式和参考框架。只关注语言符号和语言形式，忽视语言使用中的文化内涵的教学显然是毫无意义的，英语教学应该与文化教学有机结合。

跨文化交际能力这一概念将跨文化交际学和英语教学两门学科联系起来，使两个原本独立的学科开始相互渗透、相互借鉴；英语交际能力作为跨文化交际能力的重要组成部分，逐渐受到跨文化培训人员的重视；文化与语言血肉相连，文化知识的学习和跨文化交际能力的培养理应成为英语教学家族中的成员。

（二）跨文化英语教学是外语教学发展的需要

英语教学是一门极其复杂的应用型学科，涉及学习者的认知心理、教师的教育观念、社会的政治经济环境等诸多方面,因此英语教学理论的建立需要借鉴很多不同学科的研究成果。而且,由于外语教学的宗旨是为社会和学习者个人发展服务,培养社会发展所需要的人才,所以随着社会的飞速发展,英语教学工作者也应及时更新观念,调整教学大纲和教学方法,以跟上时代发展的步伐,这就是第三次社会化过程的基本含义,也是英语教学为提高学习者综合素质所作出的贡献。

跨文化英语教学无论从语言与文化的关系和外语教学的需要来看,还是从社会发展的外部环境来看,都是十分必要的。一方面,文化作为英语教学的有机组成部分,为语言学习提供了真实而又丰富多彩的语境,使语言学习与真实的人和事物联系起来,从而刺激了学习者英语学习的积极性,增强了他们的学习动机,因此有利于促进英语语言教学,提高教学效果;另一方面,将语言教学与文化教学结合起来,符合跨文化交际能力培养的需要。因为不学习目的语言,不通过交际实践,只通过媒体等渠道了解目的文化,只能是一种间接的文化学习,学习者不可能获取跨文化交际的亲身体验,因此很难在情感和行为层面达到跨文化交际能力的要求。在英语教学中进行跨文化培训,既满足了语言学习的需要,又促进了跨文化交际能力的提高,从而充分发挥了英语教学的潜力。

二、跨文化英语教学:目标和内容

确定目标和标准是教学计划和教学实践的第一步。跨文化英语教学近几十年来在美国和欧洲等国家发展很快,跨文化英语教学这一术语的使用目前并不统一。这里所指的跨文化英语教学在吸收这些理论思想的基础上,将跨文化英语教学思想又向前推进了一步,形成了具有中国特色的跨文化英语教学框架,确定教学目标、界定教学内容是这一框架的两个重要环节。

(一)跨文化英语教学的目标

跨文化英语教学的总体目标是提高学习者的英语交际能力(语言文学目标、初级目标);培养学习者的跨文化交际能力(社会人文目标、高级目标)。跨文化英语教学是交际法英语教学的延伸和发展,如果说提高英语交际能力是交际法英语教学的最终目的,那么它只是跨文化英语教学的一个部分,是促进跨文化交际能力培养的一个重要手段。这并不意味着英语交际能力培养应该附属于跨文化交际能力的培养,也不意味着它是一个次要的教学目标。实际上,在跨文化英语教学中,两个目标的实现同等重要。英语交际能力以目的语言和文化的学习为核心,以语言交际能力和阅读能力的提高为重点,是英语教学实用的语言文学目标。跨文化交际能力的培养作为英语教学的高级目标,是通过文化对比,增强跨文化意识,学习普遍文化知识,培养多视角的、灵活的、立体的思维能力和与不同文化群体进行交际的技能,来发挥英语教学对于学习者个人素质和综合能力培养所具备的潜力,这是英语教学的社会人文目标。虽然在一定程度上,英语交际能力是跨文化交际能力的前提和基础,但是,跨文化交际能力的培养过程,同样可以促进英语交际能力的提高,因此它们之间是一种相辅相成、相互渗透、共同发展的关系。

对英语交际能力的研究经历了一个发展完善的过程,基本上已经形成一套相对稳定、成熟的理论体系,这些理论在英语教学实践中得到了检验和充实。同样,跨文化交际能力作为跨文化交际研究的主要课题之一,也受到许多研究者的重视。由此可见,跨文化交际能力在英语教学和跨文化交际两个学科领域之间所起的桥梁作用。尽管英语交际能力和跨文化交际能力都已在各自的领域得到了极其充分的研究,但是跨文化英语教学的目标和内容并非两者的简单相加。由于语言与文化教学的有机结合是跨文化英语教学的本质特征,因此一个相互渗透、融为一体的语言和文化教学框架才是教师追求的目标,语言与文化的有机结合应该从确定教学目标开始,贯穿英语教学的其他环节和整个过程。

英语中用 goals、aims 和 objectives 等 3 个词来表达不同层次的教学目的。前面已经提到了英语教学的两个目标,即 goals,这是对教学目的的一个总体、抽象的描述。只有对抽象的目标进行具体分析,才能将其转化成可供英语教育工作者教学设计的依据和参考,这些细化了的目标就是教学目的(aims)。与这些目的相伴而生的是衡量达到这些目的的标准(standards)。目的和标准的确定非常重要,因为一方面它是对总体目标的细分,是总体目标实现的衡量标准;另一方面又是对教学具体实施的指导,是确定课堂教学目的(objectives)和教学活动的基础,同时也是教学评估和测试的基础。这种承上启下的作用决定跨文化英语教学要想得到外语教学界的普遍认可,成为一个健全、合理和实用的英语教学法,必须有明确的教学目的和标准。

教学目的和标准的确定基本上属于一种政府行为,一般是由政府教育机构发起,委托数名专家组成项目组进行调查研究,提交报告,最后再由教育部门审定和颁布,并监督实施,如美国20世纪末公布的面向21世纪全国英语教学标准,以及各州随后根据这一全国标准和地区的实际情况制定的英语教学的目的和标准。这说明教学目的和标准的确定受社会文化和政治经济等客观环境的影响,虽然跨文化英语教学的本质特点适用于任何国家和地区,但是其教学目的和标准以及教学方法在美国和欧洲可能有所不同。同样,在中国的国情下,跨文化英语教学也应该具有自己的特色。

1. 知识层面

语言意识就是知道语言的基本特点和功能,理解语言和语言使用与社会文化之间的关系;文化意识是知道文化的基本概念和特点,理解文化与语言之间的相互作用;目的文化知识包括了解目的文化的交际风格,了解目的文化的非语言交际特点,了解目的文化的社会习俗,了解目的文化的社会结构,理解目的文化的价值观念,了解目的文化的历史、地理和环境,了解目的文化的文学和艺术。

2. 能力层面

英语交际能力包括语言能力、非语言交际能力、社会文化能力、交际策略。跨文化交际能力指的是能够分析和观察文化现象,能够将目的文化和其他文化与本族文化进行比较,能够反思并更好地理解自己的民族文化和个人文化参考框架,能够接受文化差异,将文化差异与不同的价值、意义系统联系起来,能够根据交际场合和交际对象调整自己的言行,能够以跨文化的人的身份参与跨文化交际。做一个文化协调员要能够采用灵活的、多角度的立体思维方式,意识到不同文化没有好坏优劣之分,只有异同的存在。以上跨文化英语教学的目标框架以培养学习者英语交际能力和跨文化交际能力的总目标为宗旨,从认知、行为和情感3个层面对教学目标和目的进行了描述,为教学内容的选择、教材的编写、教学方法的设计、教学测试和评估以及教师培训等环节提供了依据和参考。

(二)跨文化英语教学的内容

跨文化英语教学的目的包括知识、能力和态度三个层面,因此教学内容也应该全面考虑学习者这三方面的需要。首先,跨文化英语教学内容由四个模块构成:目的语言、目的文化、其他文化和跨文化交际能力。目的语言和目的文化这两部分内容与现行英语教学的内容基本吻合,通过这两方面内容的学习,学习者能够掌握目的语言知识,并能使用该语言与目的语言群体进行有效交际,这就是英语交际能力。值得一提的是,在这两个模块中分别增加了"语言意识"和"文化意识"两项内容。将语言意识列为教学内容是希望学习者通过学习目的语言,反思自己的母语,了解语言的普遍规律,尤其是了解语言与社会和文化之间的关系。同样,培养学习者的文化意识是为了让他们了解文化的构成、文化的作用、文化的发展规律等文化相关知识。文化意识是跨文化意识和跨文化交际能力培养的基础。此外,文化交流作为目的文化教学内容的组成部分,它指的是学习者本族文化和目的文化之间的交流,即学习者在学习目的文化知识的同时,不断寻求机会,或由教师创造机会,去体验目的文化,并且反思本族文化,将目的文化与本族文化进行比较,以增强对文化差异的敏感性,培养对目的文化的移情态度。值得注意的是,文化交流与语言使用应该属于同一个内容范畴,因为它们通常是相伴而行,同时进行的,文化是交流的内容,语言是交流的手段。

英语教学内容的第三个模块是其他文化的教学。这是跨文化英语教学不同于其他以文化为基础的外语教学的特点。如果说英语交际能力是以目的语言和目的文化的掌握及应用为目的,那么跨文化交际能力则是一种以学习者母语和本族文化以及目的语和目的文化的学习、交流、反思和体验为途径,同时兼顾学习和了解其他语言和文化的特点,进而超越各种具体文化束缚的一种灵活的交际能力、是以与来自世界各种不同文化的人们进行有效交际为目的的能力。如果英语教学完全排除其他文化的内容,势必会造成学习者徘徊于本族文化和目的文化之间,而忽略了其他文化的存在,这不利于培养学习者的跨文化意识,也不利于跨文化学习者的培养目标的实现。虽然英语教学由于时间和精力的限制,不可能让学习者同时全面学习和体验多种不同的文化系统,但是在一定程度上了解除本族文化和目的文化之外的其他文化的特点是可行的,可以通过教学材料的选择和教学方法的设计来完成。

跨文化英语教学内容的另外一个范畴是跨文化交际能力的培养,它包含的教学内容很多。其中跨文化意识指的是对文化差异敏感性和态度的培养,跨文化交际能力是一个宽泛的概念,是一个包含知识、能力和情感各个层面的综合素质。而跨文化交际实践,作为教学内容之一,主要是由教材和教师提供或创造跨文化交际的机会或情景,让学习者去体会跨文化交际过程中可能出现的问题,如文化冲撞、误解等,在教师的帮助下,他们从中学会自我调节,掌握解决问题的方法。在这个教学内容模块中还包括了跨文化研究方法的教学,其意义在于跨文化交际能力的培养是一个终身学习的过程,学习者不可能在学校教育期间学习世界所有不同的文化,外语教学也不可能预计学习者将会遇到的各种跨文化交际情景,因此掌握跨文化研究的方法是最现实、最有效的途径。

三、跨文化英语教学大纲的特点

(一)三种英语教学大纲比较

早期传统英语教学的大纲受语言学影响,具有很强的科学性,英语教学内容被线性分割,语音、语法、词汇等作为教学的主要内容,与它们得以存在和使用的、真实的社会文化语境几乎完全脱节,学习者的主观思想和个人体验更是被置于九霄云外。这种客观科学的教学大纲的典型代表是直接法和听说法。后来的交际法英语教学和其他一些以语言能力为目的的英语教学法采取的是一种介于科学性教学大纲和人文性教学大纲之间的、过渡性和连接性的课程大纲,其特点是强调学习者使用所学语言知识,来表达自己的思想和感情的重要性,在这个教学大纲中,意义的理解和表达重于语言结构和形式的学习,学习者的个人需要和主观作用得到了一定程度的认可。人文性的教学大纲考虑英语教学的社会、经济和政治环境,以及学习者自己的知识和体验对于英语教学的作用,沉默法、暗示法和社团学习法都属于这种人文性的外语教学模式。

交际法和人文性大纲都包括了文化内容,只是前者的文化教学较为肤浅,只涉及与语言和语言使用相关的文化内容,忽视了社会文化环境和学习者个人文化背景在外语教学中的作用;后者的文化内容虽然较之要丰富、自然得多,但是,其目的仍然是促进语言教学,因此文化在外语教学中仍处于辅助、次要的地位,文化教学自身的价值和独立性没有得到重视。只有跨文化英语教学才真正认识到文化教学不仅对语言学习必不可少,而且也是跨文化交际能力培养和学习者个人综合素质发展的必经之路。将文化教学提高到与语言教学同等重要的地位是跨文化英语教学的创举,因此跨文化外语教学大纲将充分体现这一特点。

（二）跨文化英语教学大纲的特点

跨文化英语教学大纲的特点可以归纳为以下几点。

1. 文化与语言互为目的和手段,共同构成英语教学的基础内容

文化是语言存在和使用的环境,通过学习语言形式和语言使用中所蕴含的文化内容,使语言学习更加全面深入、真实生动。语言教学材料因为文化内容的全面渗透而被置于一个真实的、丰富多彩的文化环境之中,拉近了学习者与学习对象之间的距离,使学习个人化、自主化,有利于刺激学习者外语学习的积极性,促进外语交际能力的提高。从这个意义上来说,文化学习的目的是更好地学习语言,文化学习是语言学习的手段。这种观点得到了很多英语研究者和教师的认可,并在英语教学中广泛实施。然而,在跨文化英语教学中,这只是一个方面。

语言是对文化的反映,语言学习必然是文化学习。掌握一个新的交际工具,同时也是为了开阔眼界,学习者通过学习和使用目的语言,来学习和体验目的文化,并在此基础上接受跨文化培训,培养跨文化意识,获取跨文化交际能力。所以说,语言学习是文化学习的手段,而文化学习是语言学习的最终目的。

值得一提的是,母语和本族文化在这一教学过程中起着重要的作用。它们虽然不是教学的主要内容和目的,但是在培养语言意识和文化意识,进行文化对比时,母语和本族文化的作用不可轻视。而且,根据跨文化外语教学的标准,反思并更好地理解自己的民族文化和个人的文化参考框架也是教学目的之一,因此制订大纲时应该考虑这一点。

2. 文化教学与语言教学有机结合

这是对前一点的继续说明。处于同等重要地位的语言与文化内容的有机结合贯穿外语学习各个阶段(初级、中级和高级)、各个环节(外语教学计划、课堂教学和教学评估与测试等)和各门课程(听、说、读、写等)。虽然根据学习者的语言、文化和认知水平,在不同阶段语言和文化的学习会各有侧重,但是,就外语教学整体来说,两者处于同等重要的地位。这正是因为两者天生不可分割的关系。当然,语言与文化在外语教学中的有机结合并非易事。教学内容的膨胀和不熟悉的教学要求往往会使缺乏经验的教学设计者和教师难以兼顾。这就要求大纲制订者、教材编写者和教师培训者等各路专家广泛合作,充分研究语言与文化在教学中结合的途径,将研究结果转换为实用的、操作性强的、系统化的大纲、教材和培训项目,给教师以足够的准备和实实在在的帮助。

跨文化英语教学的目标是通过小学、中学、大学,甚至持续到大学毕业后的英语教学和社会实践来实现的,这是一个连续的、一贯制的学习过程,在这个过程中有很多因素会对教学成果产生影响,其中各阶段教学目标的确定、课程设置、教学活动、教学方法、教学原则、教材、测试和教师等因素都起着决定性的作用。

第二节　跨文化英语教学的原则与方法

一、跨文化英语教学的原则

一般来说,教师是教学的主要执行者,是教学的主体,正如韩愈所说的"传道、授业、解惑"就是对教师的主导作用的精准描述。但是在跨文化英语教学中,教师的主体作用得到了不同阐释,学习者的中心地位凸显出来,英语教学也因此呈现出不同的特点。这些特点集中表现于以下四条教学原则。

(一)以学习者为中心,以引导学习者进行自主学习为主要教学模式

学习者是教学过程的真正主体,教师的教学、教材的编写和教学方法的设计和选择都必须围绕学生的实际需要进行。在跨文化英语教学中,不仅学习者的英语语言学习需要受到应有的重视,在整个教学过程中,他们对母语和本族文化的体验和理解、对目的文化和其他文化的态度、个人综合素质的提高,包括立体思维方式的形成和跨文化交际能力的培养,甚至对整个人生的态度等很多与学习者的过去、现在和未来密切相关的主题都是教学设计和教学活动的考虑因素。就教师而言,引导学习者进行自主学习是其主要任务,虽然知识的传授和规则的讲解仍然必不可少,但是教学的中心应该转向学习者自主学习能力的培养。这一点对于跨文化英语教学来说非常重要,原因之一是当今世界信息爆炸,知识不断更新,培养终身学习的思想,掌握独立学习的方法成为教育界普遍关注的一个趋势;另一个原因是跨文化英语教学的目标和内容相对于传统的英语教学而言扩大了无数倍,而教学时间基本不变,不可能有大幅度的增加,因此学习者在校期间有很多教学内容无法接触和学习,教师只有通过"授人以渔"的方法,才能确保教学目标的最终实现。

这也是为什么将学校后的英语和文化学习也纳入整个教学体系的原因。以学习者为中心、以学习为中心的思想在后面几条原则中也都有体现。

（二）语言教学与文化教学有机结合

语言和文化在跨文化教学中互为目的和手段。英语发展成为国际通用语的动因之一是跨文化交际日益频繁，来自世界各地、各民族、各文化群体的人们需要这一通用语作为沟通和交流的媒介，因此英语学习的目的之一就是进行有效的跨文化交际。而且，由于英语语言学习本身涉及文化的学习，所以完全有理由说，英语语言的学习是文化学习的手段，文化学习和跨文化交际是英语学习的目的。反过来，文化学习为英语语言学习提供丰富多彩、真实鲜活的素材和环境，大量文化材料引入英语教材和课堂，不仅使英语学习生趣盎然，而且是英语交际能力培养的重要保证。总之，跨文化英语教学包含语言教学和文化教学两个相辅相成、不可分割的方面。

所以，在教学设计和课堂教学中语言教学和文化教学必须有机结合。这种结合体现在外语教学的各个阶段、各个环节。虽然，根据学习者的认知水平和学习需要，在不同阶段和不同课程中，语言和文化各有侧重，但是在跨文化英语教学中没有单纯的语言课或文化课，只要具有这种意识，总能找到两者的结合点。

（三）从实用主题过渡到间接、抽象的意识领域

不同年龄层次的学习者在认知水平、情感发展和经历、经验上都有很大的差别，这些差别必然导致教学内容和教学方法的不同。一般情况下，对于年龄较小的学习者来说，与他们的生活和学习息息相关的、具有可比性的、具体的、直观的教学材料较为合适。随着学习者认知水平的发展、心理承受能力的增强和人生体验的增加，语言和文化教学内容的深度和广度逐渐扩大到一些间接的、复杂的、需要进行抽象思维的意识领域。就文化教学而言，这种相关性和适合性的原则更至关重要。跨文化交际能力的培养是一个漫长而复杂的过程，在这个过程中，学习者对母语和本族文化理解和体验是学习过程中不可缺少的一部分，学习者在学习外国文

化的同时,还一直处于一种自我认识、自我反省、自我批评、自我完善的状态之中,任何与他们的经历和认知能力相距甚远的教学内容和方法都将消极以"自我"与"他人"比较对照的文化学习原则。

（四）平衡教学内容和教学过程的挑战性

任何教学活动都涉及教学内容和教学过程两个方面。为了取得最大的教学效果,内容的安排和过程(即教学活动)的设计必须考虑对学习者的挑战和支持程度。理想的教学应该是挑战和支持得到很好的协调,如果内容复杂、难度较高,那么教学活动或过程就应该相应降低难度,给学习者较多的支持;相反,如果内容简单、难度较低,教学活动就应该具有较高的挑战性,只有这样,才能保证学习者从教学中得到最大的收益。否则,复杂的教学内容如果被置于挑战性很强的教学活动中进行学习,学习者就会有很强的恐惧心理和挫折感,不利于调动他们的学习积极性;相反,如果内容简单,教学活动又缺乏挑战性,那么学习者的学习潜力不能得到发挥,而且他们也会觉得乏味,学不到东西。

因此,处理好教学内容与过程,挑战与支持之间的辩证关系是跨文化培训的一个重要理论和原则,它对于跨文化英语教学来说同样适用。

二、跨文化外语教学的常用方法

近年来,随着跨文化培训和外语教学的蓬勃发展,文化教学方法和语言与文化结合教学的方法层出不穷,下面对如何在实际教学中将文化教学与语言教学有机结合进行探讨。

（一）通过文学作品分析来进行文化教学

文学作品分析是语言教学的一个常用手段,中国很多英语教学活动都是通过分析和欣赏文学作品来进行的。文学作品蕴含丰富的文化内容,语言形式和文化内容在此得到完美结合,因此在文学作品分析的过程中同时进行语言教学和文化教学不仅是可能的,而且也是必要的。实际上,传统的语言教学在分析文学作品时并没有避而不谈文化内容,只是教师没有将文化教学列入教学目标,文化内容的讲解服务于语言教学的需要,处于一个从属、次要的地位。要改变这一现状,必须在确定教学目的和目标时,考虑文化教学的需要,使文化教学内容和语言教学内容并列成为教学关注的对象,利用文学作品是语言和文化完美结合的优势进行跨文化外语教学。

(二)词汇教学与文化教学的结合

任何语言的词汇都承载着丰富的文化信息,每个词所包含的文化内涵是任何词典都无法穷尽的。如"早饭"一词在汉语、英语中,不仅表达形式和发音不同,而且其文化所指也不尽相同。此外,不同语言中的词汇还反映说话者不同的价值观念。正因为词汇及词汇的使用具有浓厚的文化特点,所以在进行词汇教学时不能只停留在词汇的意思和用法上,还应该介绍词汇包含的文化内容,尤其是要呈现词汇在真实文化语境中具体使用的情况。就目前的英语教学而言,词汇教学中文化教学的潜力没有得到充分挖掘,教师通常呈现给学生的都是从词典下载的词义解释,很少能将词汇所蕴含的文化意义介绍给学生。另一个问题是学习者在学习生词时通常处于被动接受的状态,这就导致他们所学的词汇成为一组僵化的符号,无法在真实的交际活动中加以运用。除了在对词汇的本意、比喻意义和文化内涵进行全面介绍的基础上,还应该将它们置于真实的文化语境中进行操练,让词汇知识转换成词汇使用能力。例如,在教描写人物的形容词时,除了介绍词义之外,还可以选择一些来自本族文化或目的语文化的、真实的历史或当代人物,用这些形容词来进行描述;也可以让学习者用这些形容词来描述自己。这样做,学习者既可以学会这些描写形容词的词义,也能了解它们的文化内涵,还有机会接触来自不同文化背景的历史人物故事。显然,这种词汇教学方法将词汇教学与文化教学有机结合,不仅可使词汇学习生动有趣,而且将文化学习落到实处。语义场的使用也是词汇教学与文化教学有机结合的一种手段。

（三）阅读教学与文化教学的结合

　　阅读教学被认为是最容易与文化教学联系起来的教学活动之一,因为只要我们选择那些包含文化内容的阅读材料即可实现语言教学与文化教学的有机结合。然而,事实并非如此,目前很多阅读教师并不能很好地利用阅读教学的这一优势进行有效的文化教学,或是因为受传统的以语言形式为中心的教学思想的影响,或是因为对目的语文化知之甚少,阅读教师致力于提高学生阅读速度和阅读理解能力的同时,关注的是语音、语法、词汇、句型和翻译等语言学习的内容,在很大程度上忽视了阅读篇章中蕴含的文化信息,即使谈到相关文化的某些内容,通常也不是以增强学生的文化能力为目的,只是为了帮助他们更好地理解篇章本身。总之,目前外语阅读教学并没有将文化教学列入自己的教学目标和内容,因此有关的文化讨论也不是真正意义上的文化教学。

　　要真正实现阅读教学与文化教学的有机结合就必须在确定教学目标和教学内容时考虑文化教学的需要,在实际教学中可以通过设计读前和读后任务将学习者的注意力吸引到篇章内容上,然后进行相关文化的讨论和学习。例如,在阅读一篇关于美国饮食文化的英语文章前,可以提出一系列有关学习者本族文化中饮食习惯的问题,让他们进行读前热身,然后建议他们在阅读文章时注意美国饮食文化与自己的饮食习惯的异同,读完文章后,让学生在回答有关美国饮食文化的相关问题的同时,进行文化对比。教师对语言点的解释可以插入到讨论中,也可以在这些文化教学活动结束之后,但不能让语言形式的学习压倒篇章内容的理解和文化内容的讨论。

（四）听说教学与文化教学的结合

　　阅读有利于学习者学习和了解相关文化知识,听说活动可使他们有机会切实感受跨文化交际过程,提高交际能力。无论听还是说,都必须以内容为基础,因此内容的选择和安排至关重要。首先,要保证听说的材料相关主题必须是真实的、具有代表性的,能够真实反映目的语文化或本族文化的不同侧面;其次,在跨文化英语教学中,由于英语教学和文化教学同等重要,所以在编写听说教材时不仅要考虑学习者的语言水平和语言学习的需要,还应注意文化内容的系统性,即将语言教学的需要与文化教学的需要结合起来作为选择和安排教学材料和内容的依据,使学习者系统地学习文化知识,增强文化能力。当前的英语听说教学虽然比较重视材料的真实性,所选材料基本上都具备文化教学的价值,但是在文化内容的选择和组织上比较随意,缺乏系统性,这实际上也是整个英语教学不能最大限度地发挥其文化教学功能的主要原因。

此外,跨文化英语听说教学应该充分利用多媒体教学手段,这不仅有利于提高学习者进行语言交际的积极性,更是跨文化交际能力培养的需要。日益发展的多媒体技术为在外语教学中进行文化教学开辟了新的道路,它可以将各种跨文化交际情景真实地呈现给学习者,让他们有一种身临其境的感受。图文并茂、音像俱全的听说材料使学习者的各种感官受到刺激,特别有利于从情感和行为层面上培养他们的跨文化交际能力。

语言与文化在教学中有机结合的方法不仅限于以上几点,随着跨文化英语教学思想的不断深入人心,相信更多更好的方法将会被开发和应用。然而,在此必须强调教师和学生转变教学观念的重要性,要真正做到语言教学和文化教学的有机结合,教师和学生必须认识到英语教学应该承担双重任务:既要促进学习者外语交际能力的提高,又要帮助他们培养人文素质,形成立体、多维的思维方式。

三、民族文化学的参与观察法在跨文化英语教学中的应用

民族文化学的研究方法俗称参与观察法,是文化人类学和社会学经常采用的研究方法,近年来在其他社会科学领域也得到了广泛的应用。简而言之,这是一种实地考察的方法,研究者与研究对象同吃同住,对他们进行参与性的观察,从"圈内人"的视角来分析、描述某一群体的社会和文化活动。随着跨文化交际研究和跨文化英语教学思想在美国和欧洲的兴起和发展,这种方法逐渐被应用于跨文化

培训和外语教学,拓宽了跨文化英语教学的渠道,成为一种语言与文化学习和个人综合能力培养的有效方法。

（一）民族文化学参与观察法的特点

作为一种文化研究方法,参与观察法主要有这样一些特点:研究者既是参与者,又是观察者;与研究对象之间既亲密无间,又保持一定距离。正是这种特殊的身份使他们能够完成对目的文化各个层面或某些层面的研究;它是一种具体的、从实践到理论,而不是抽象的、从理论到实践的研究方法。研究者置身于目的文化群体之中,与人们进行广泛深入的交流,自然而然了解目的文化,得出关于目的文化的某些结论;它以具体文化为研究对象,属于具体文化研究,而不是文化普遍理论研究。

（二）民族文化学参与观察法对外语教学的作用

参与观察法被引入英语教学的直接动因和先决条件是文化作为英语教学有机组成部分的地位得到普遍认可,英语教学的目的既是提高英语语言能力,也是增强跨文化意识和跨文化交际能力,同时还是培养学习者独立学习和立体思维能力,能提高学习者的综合素质。在这一前提下,以参与观察为主要形式的民族文化学的研究方法在英语教学中就展现出其得天独厚的优势。

总之,跨文化英语教学与传统的英语教学在教学目标和教学内容上的不同决定了其教学原则和方法的不同。跨文化英语教学既关注英语教学的语言文学目标,又重视英语教学的社会人文目标,它在教学原则和方法上与传统英语教学最大的区别在于以下几点。

1. 语言教学与文化教学有机结合,语言与文化互为目的和手段

英语语言的学习是文化学习的手段,文化学习和跨文化交际是英语学习的目的;文化学习为英语学习提供丰富多彩、真实鲜活的素材和环境,是英语交际能力培养的重要保证。语言教学与文化教学的结合贯穿英语教学的各个阶段、各个环节。

2. 自主学习能力的培养和文化学习方法的探索是跨文化英语教学的重要内容

语言的学习和文化的学习都是一个终身学习的过程,学习者不可能永远依赖教师进行学习。跨文化交际能力的培养尤其需要学校教育与社会实践相结合,因为学习者离开学校进入社会后,有很多继续学习和亲身实践的机会,这些机会很好地弥补了学校教育实践的不足。只有在学校教育期间帮助学习者提高自主学习的能力,掌握文化学习的方法,他们才可能在离开学校后能够利用各种学习和实践机会,进一步提高自己的跨文化交际能力。

3. 跨文化英语教学特别重视调动学习者的各种学习潜能和机制,充分利用各种教学手段多层次、多渠道地进行教学

跨文化交际能力的培养过程就是学习者的认知、情感和行为不断变化的过程,它需要学习者积累知识、转变态度、调整行为、发展技能。这种学习要求只有通过开发和应用多种教学手段才能得到满足,日益发展的多媒体网络技术为此开辟了新的途径。

4. 跨文化英语教学重视学习者本族文化的作用,并将认识、反思和丰富本族文化作为教学目的之一

比较和对比是实现这一教学目的的主要方法,学习者在英语语言学习和文化学习过程中,不断地将本族文化现象与其他文化的相关现象进行比较和对比,形成对本族文化的再认识。

跨文化英语教学虽然采用说教式的知识传授法与体验探索式的教学方法并用的教学方法,但是后者的作用非常明显。民族文化学的参与观察的研究方法就是一种典型的体验探索式的学习方法,是跨文化英语教学的一个重要特色。

第三节　跨文化英语教学中的教师与学生

一、英语教师与文化教学

在英语教学中进行文化教学已经有很长的历史,文化教学对于英语教师来说并不陌生,他们或是因为自己的认识和感悟,或是迫于教学大纲等外部环境的要求和规定,都有意、无意地以不同方式从事着文化教学。然而,即使在文化已在大纲中被明确确定为英语教学的内容和目标之一的国家和地区,文化教学的现状也令人担忧,其他国家和地区的状况就更不用说。这种担忧主要体现在教师对文化教学的态度、理解和实践都无法满足跨文化英语教学的需要。来自不同国家和地区的一系列调查研究报告有力地证明了这一点。

大多数调查都发现了这样一个有趣的现象:很多英语教师对文化教学的理解和认识与他们实际的教学有很大的不同。他们对文化教学表示强烈的支持,而且也认识到文化教学有很多好处,愿意采用各种手段和材料进行文化教学,但是在实际教学中,他们却似乎完全抛弃了这些认识和理解,仍然按照传统的教学观念和教学方式进行语言教学。

二、跨文化英语教学对教师的要求

跨文化英语教学的目标是在提高学习者英语交际能力的同时,培养他们的跨文化意识和跨文化交际能力,进而培养他们多视角、立体的思维能力和综合素质。其基本特点是充分挖掘英语教学的文化教学功能,将英语教学与文化教学有机结合、融为一体。显然,这样扩大了的教学目标和教学内容对教师提出了新的要求和挑战。一般来说,英语教师除了要具备良好的英语语言功底之外,还应该掌握三个方面的知识和能力:英语学习理论、英语教学法、课堂教学实践。

英语学习理论是关于外语学习的本质、过程和规律,是指导教师进行教学的理论基础。英语教学法是帮助教师理解教学目的和内容,了解各种教学方法的优劣,是学习理论和课堂实践之间的桥梁。课堂教学实践则是对教师具体教学活动安排和实际课堂组织能力等方面的要求。

由于跨文化英语教学增加了文化教学层面,强调跨文化意识和跨文化交际能力培养,所以以上对外语教师的要求显然不够。那么,除了这些条件之外,跨文化英语教学要求教师还要具备知识、能力和态度三个方面的素质。

从知识层面上来说,教师应该掌握普遍文化知识,即文化的基本概念、构成、特点及其对社会和个人的作用;掌握一定的具体文化知识,即了解目的语文化、本族文化和其他文化群体的特点和彼此之间的异同;理解语言与文化和社会之间的相互作用,特别是目的语言在不同社会文化背景中的使用情况;理解跨文化交际能力的概念和意义,了解导致跨文化交际困难和失败的因素。

就能力而言,英语教师应该做到在课堂和课外其他跨文化交际场合,用目的语言进行恰当有效的交际;合理利用教材和其他真实的语言文化材料,引导学生关注文化内容,刺激他们对文化问题的思考;善于设计和组织课堂活动,将学生自己的文化体验与教学内容结合起来,创造更多的体验式学习机会;采用多种不同的文化教学方法和手段,全面、深入地传授文化知识,培养文化能力;将英语教学与文化教学有机结合,通过教学材料的选用,教学活动的设计有意识地引导学习者既注意语言能力的提高,又关注文化能力的培养;以培养能力为主,引导学习者摸索学习方法,掌握独立学习的能力,促进学习者自主学习。

从态度层面,英语教师应该敢于面对挑战,尝试新的教学思路和方法;愿意像学生一样,不断学习和探索外国文化,反思本族文化和自己的文化参考框架及言行;愿意与学生分享自己的学习体验和跨文化交际体验,即便是失败的经历;尊重学生,对不同文化行为和思想不妄加评判,永远保持一种宽容、理解和移情的态度。

三、文化教学培训

培养一名合格的英语教师并非易事,他(她)不仅需要具备良好的语言功底和交际能力,而且还要懂得学习者的认知心理、情感特征和教学规律,同时最好具有丰富的教学经验。当然,这一切不可能在短短的几天、几周或几个月内完成。实际上,一名教师的培养过程从他(她)英语学习的第一天就开始,经过学校教育的不同阶段,一直持续到他(她)走上讲台前的业务培训,甚至还延续到上岗后教学经验的积累和各种在岗培训。就基础教育对教师培养的作用来说,稍加反思就会意识到目前采用的教学模式和方法或多或少受到了以前自己的英语教师的影响。中国英语教学之所以长期以来一直无法摆脱以语法和词汇为中心的传统教学方法,在一定程度上是因为这种方法得以代代相传,从一开始就被教师根深蒂固地植于学习者的脑海里。由此看来,基础教育是培养合格教师的关键,必须从现在开始让学生接触新的教学思想和教学方法,同时鼓励他们不断创新,只有这样才能最终改变因循守旧的陋习,为他们日后成为教师接受新观念、探索新方法打好基础。

(一)培训目的和内容

由于培训可分为岗前培训和在岗培训、教学方法培训和教材使用培训、短期培训和长期培训等多种不同类型和不同内容的培训,所以不能指望教师经过某一次培训就能完全掌握教学要领,应该对教师的培训定期、有系统地进行。培训不是针对某一具体的教学环境和教师群体,而是以文化教学为主要考虑因素。

(二)教师文化教学培训的方法

1. 文化意识和文化教学意识的培训

文化教学培训的一个根本特点就是"使隐含的东西明确化"。这就是说,文化、文化差异以及外语教学的文化教学潜力都已经客观存在,现在最重要的是让教师意识到它们的存在和作用,即要提高教师的文化敏感性和文化教学的意识。在这样的敏感性和意识的基础上,教师的文化知识积累和文化能力以及文化教学能力的提高就会突飞猛进。

2. 文化知识的培训

就文化概念和知识的学习而言,文化人类学提供了最为全面、科学的阐述,理应成为英语教师培训的一门必修课。文化人类学是一门历史悠久、理论基础雄厚的社会科学,它无论是在文化理论研究上,在具体文化的描述上,还是在文化研究的方法上都已形成了较为完善的体系,是英语教师获取相关文化知识的可靠来源。当然,外语教师学习文化人类学不是为了成为人类学家,因此也就没有必要穷尽其所有的内容,他们只需利用文化人类学的部分研究成果,获取对文化相关概念更清楚的理解,对相关文化群体更全面、深入的了解,同时还可以借鉴其中的一些文化研究和探索的方法。对文化人类学研究成果的筛选和选用应该由来自不同领域的专家进行,如外语教学研究者、文化学家、跨文化交际研究者、教师培训专家等合作完成,综合各方的意见,选择教师需要掌握的理论和信息作为培训的内容。

除了文化人类学可以成为教师文化知识培训的主要科目之外,社会学和跨文化交际学的研究成果同样也是教师培训应该关注的内容。语言、文化、社会和交际之间复杂的关系,在这两门学科中得到了更清晰地描述。

对于师范院校的准教师来说,如果能在高年级开设专门的文化学、社会学和跨文化交际学课程最为理想。但是,就大量从非师范院校毕业,却选择成为英语教师的准教师而言,花费很多时间专门讲述这些科目的内容,显然不现实,只能依靠教师培训工作者精心挑选和准备培训内容,以系列讲座的形式传授给受训教师。

3. 文化能力的培训

相对而言,文化能力的培训比文化意识和文化知识的培训更为复杂和困难,因为它不仅涉及教师的认知心理,更与他们的情感和行为有关。这里所说的文化能力包括教师的跨文化交际能力和文化学习探索能力。

跨文化交际能力的培训可以从文化冲撞开始,目的是让受训者通过经受心理和情感上的震荡,对跨文化交际中存在的文化冲突有一个强烈的感性认识,培训者趁机向受训教师介绍跨文化交际中的困难,然后自然过渡到对如何克服这些困难的探讨。教师培训者一方面可以通过讲座或让受训者阅读相关文献等方法来帮助他们了解跨文化交际的本质和文化冲撞产生的根源及其特点和过程,使他们从理性上认识积极调整心态、不用自己的文化框架判断他人、努力适应对方交际方式的重要性;另一方面还可以通过看录像、观察和分析成功与失败的跨文化交际案例,来吸取好的经验,防范交际误区。此外,培训者还可以向受训教师布置跨文化交际实践的任务,如到外企见习、到外国人家做客,通过观察、访谈和体验来增强对跨文化交际的认识,提高跨文化交际能力。最后,还可以让所有受训者们一起分享各自的跨文化交际经历和体会。值得注意的是,在整个培训过程中,培训者应该反复强调反思的重要性,受训者正是通过不断学习、不断体会、不断反思才能有效地增强自己的跨文化意识和跨文化交际能力。

文化学习和探索能力培养是本着授之以渔的目的,帮助教师掌握一套文化学习的方法,使他们能够对遇到的新的文化现象和文化群体进行探索研究,这种能力也是教师今后对学生进行文化教学的目标之一。首先,文化学习和探索能力要建立在敏感、勇敢、宽容和善于移情等情感态度的基础上。缺乏敏感性,对任何文化现象熟视无睹,想当然地认为人皆相同,这些都是文化学习的障碍。其次,面对陌生的文化环境,很多人选择逃避和退缩,而善于学习和探索的人则会勇敢地尝试和体验,积极参加各种有利于自己了解该文化群体的活动。与不同文化背景的人相处,宽容和移情是不可或缺的素质,具备了这两种素质就能避免误解和冲突的发生,文化学习和探索才可能顺利完成。

作为一种文化学习和探索方法,参与观察法可以被用来对任何一个文化群体进行深入的文化调查。理想的条件是离开自己熟悉的文化环境,融入一个陌生的文化环境中,对该文化群体的某些文化侧面进行探索和学习,并通过与该群体的人进行交流,获取跨文化交际的经验,摸索跨文化交际的规律,从而提高跨文化交际能力。对于中国外语教师和学习者而言,这样理想的环境也许不存在,但是,教师培训者同样可以利用国内现有的外国文化群体或不同的亚文化群体的资源,进行参与观察文化研究方法的训练和实践,虽然环境有所不同,但是基本原理和技巧基本相同。

在教师培训中,培训者首先向受训教师介绍参与观察的文化研究方法,通过各种手段帮助教师弄清这种文化探索学习方法的宗旨、特点和注意事项。然后由受训教师自行设计和完成至少一次文化探索任务,并在这一过程中记录自己的学习体会以督促自己反思学习体验,同时也为以后与其他同事分享经验和感受提供资料。一次这样的学习任务应以一篇全面、透彻的调查报告为终结,报告内容包括本次调查研究项目的目的、方法、结果以及经验总结,其中很大篇幅应该是对调查对象某些文化现象的详尽描述。

接受过以上培训的教师应该在个人素质上为文化教学做好了准备。他们还需要接受一定的文化教学培训才能胜任跨文化外语教学工作。文化教学培训同其他教学培训一样,主要是从大纲、教材和教学方法几个方面着手。大纲培训是帮助教师理解教学目标、教学内容和教学评估标准等,是教师准备教案、设计教学活动的基础;教材培训是针对某一特定教材,就教材使用的方法进行培训。教学方法培训最为普遍,文化教学的方法很多,每一种方法都有其优点和缺点,每一种方法都有其独特的技巧,这些都是教师培训时的必要内容。

(三)反思教学和课堂教学研究

近年来,反思教学和课堂教学研究成为英语教学和教师培训研究文献中出现频率较高的术语,它们作为教师培训和教师自我发展的方法已经受到越来越多教学研究者和教师的重视。对于跨文化英语教学来说,课堂教学研究的作用更是不可低估。

课堂教学研究也是促进教师教学水平提高和教学效果改善的一种方法。教师针对自己教学中遇到的问题,利用自己所掌握的教学理论知识,根据自己的经验,通过自己的努力,寻找解决问题的方法,在此过程中记录自己的体验,反思自己的态度和做法,并与其他同行进行交流。根据研究,课堂教学研究有五大特点:它解决的是研究者及圈内人士切实关心的问题;它要求系统地收集资料,反思实践;它通常是以本校、本地的教学为研究对象,规模较小,重点观察教学方法变化所带来的结果的变化;它通常采用的是定性分析法,是对教学事件和过程的描述;它的研究成果包括对问题的解决以及教师个人业务水平和当地教育实践和理论水平的提高。

由于这样的教学研究与教师的教学实践联系紧密,因而具有很大的实用价值,对于接受岗前培训的教师来说,进行课堂教学研究培训有利于他们培养反思教学和课堂教学研究的意识,掌握反思教学和课堂教学研究的方法,从而使他们获取一套不断提高业务水平的、灵活高效的方法,增强他们对今后教学工作的信心。一旦他们正式走上讲台,在学校及教育管理者的支持和帮助下,他们就可以充分利用课堂教学研究和反思教学来提高自己教学的效果,同时也能促进其所在区域整体教学水平的提高。所以,课堂教学研究应该成为教师培训的一项重要内容。

四、学习者自主学习能力的培养

当前外语教师培训的另一热门话题是教师如何培养学习者自主的学习能力。所谓自主学习,简单地说,就是指学习者控制和管理自己学习的能力,它是一个复杂的概念,包含多个层次,在不同的社会文化和教育环境中呈现不同的形式。

(一)自主学习的背景、含义和意义

1. 自主学习研究的背景

自主学习的思想早在 18 世纪就已萌芽,法国哲学家卢梭的"自然教育"理论强调了学习者对自己学习负责的重要性,实际上就等于提出了自主学习的思想。他认为自主学习的能力是人天生就有的,但是这种天赋却受到后天学校教育的压制。这一思想对很多后来的教育学家产生了影响,成为解放学习者,将他们重新送回到教学主体位置的现代教学思想的动因之一。

2. 自主学习的含义

自主学习就是控制和管理自己学习的能力,也就是对与学习各个方面相关的决定负责,它包括目的的确定、内容和进度的确定、方法和手段的选择、学习过程的监控以及学习的评价等。

从本质上来说,自主学习能力是一种独立学习、批评反思和自我决策的能力。它要求学习者发展一种与学习过程和内容相关的、特殊的心理,这种独立的能力表现在学习者的学习方式上,或表现在他(她)将所学东西迁移到更加广阔的领域的方式上。

3. 培养自主学习能力的意义

学习者自主学习能力的培养成为外语教学的中心议题是与跨文化交际日益频繁、知识和信息日新月异、经济和教育全球化不断深入的当今世界形势分不开的,面对这样的形势,培养跨文化交际能力、独立学习能力和终身学习的思想成为教育的首要任务之一。外语教学作为跨文化交际能力培养的重要阵地,理所当然应该承担起这一重任。

(二)教师和学生的角色

自主学习不是一种新的学习方法,也不是一种新的教学方法,它是对学习和教学本质的修改。学习不再是简单的听讲、记笔记、做作业、复习、预习、考试等;教学也不再是单纯的传道、授业、解惑。学习者的被动地位得以打破,以学生为中心、以学习为中心、以任务为中心的教学思想取代了以教师为中心、以教学为中心、以教材为中心的教学思想。那么,这种转变是否意味着教师的教学变得轻松,而学生的学习压力不堪重负呢? 对这个问题的最好回答就是分析教师和学生在这种教学模式下的作用和他们之间的关系。

1. 教师的角色

自主学习要求学生除了参与确定学习目标、学习内容、学习进度、学习方法、学习评价之外,还要对自己作为一个学习者的感受和经历进行反思和理解,关注学习过程,摸索学习方法。对学生所提出的这些"额外"的要求,实际上也是对教师的要求。只有具有自主学习意识和能力的教师才能培养出能够进行自主学习的学生。教师在教学中如果能表现出以上特点和自信,就会感染学生,将这种独立意识和自信传给学生。有意识、有计划地进行自主学习能力培养是教师的主要任务之一。在这种教学思想指导下,教师扮演的角色应该是合作者、顾问、协调者和对话者。

2. 学生的角色

就学生而言,自主学习使得他们从对教师和教材的依赖中解放出来,成为自己学习的主人。这种从被动到主动地位的变化要求学习者在教师的引导下做到制订学习计划、监控学习过程、反思并修正自己的学习态度和方法、评价学习结果。自主学习要求学习者具有较强的学习意识,重视学习目标实现的过程和方法,通过这样的意识和对学习过程的关注,学习者增强对学习、学习者和学习过程的理解,掌握学习的规律和方法,从而提高自己独立学习的能力,为自己承担起学习的责任做好准备。

第四节 跨文化英语教学中的测试与评价

测试和评价是两个相关的教学术语,有时甚至被互换使用。实际上,它们的区别是明显的。测试是通过使用一种工具,如试卷,对被测试者的知识和能力进行一次性的衡量,其结果通常以数字或分数形式给出。如我们熟悉的各门课程的期中、期末考试,英语四、六级考试等都是不同类型的测试。评价通常是对评价对象在一段时间内的学习过程和进步情况的评价,近年来教育界开发和应用的作品集评价法、真实评价法和行为表现评价法为我们提供了更全面、更真实了解学生学习过程和成果的途径。与测试不同,它依赖多种评价手段,不仅包括一些测试,而且更注重学习者在学习过程中所付出的努力和取得的进步。

一、从客观定量测试法到定性分析评价法

跨文化英语教学将文化确定为主要教学目标和内容之一,因此在课程开发、教学设计和测试评估中都应该体现这一新的目标和内容。然而,目前中国外语教学界在这方面所做的尝试和努力相当不足,除了一些关于英语国家概况的文化知识测试之外,多数测试和评估都忽略了对学习者文化能力的测评,甚至在美国和欧洲一些文化教学及文化教学研究历史较长的国家和地区,文化测试和评价也是困扰外语教师和研究者的一大难题。虽然这个问题已经引起了重视,但是文化测试、评价研究和实践仍然是文化教学最薄弱的环节。

(一)文化测试的主观性和复杂性问题

文化测试之所以长期以来一直是文化教学的主要障碍之一,是因为文化的主观性和复杂性导致文化测试和评价的设计及实施极为困难。测试的基本标准是信度和效度、客观和公正,一旦涉及文化,测试与评价的客观性几乎不可能存在,因为文化是人的主观认识和体验,它不如对语言形式那样容易制定客观、可操作的评判标准。

从文化测试和评价的内容和标准来看,文化几乎无所不包,无时无刻不在起作用。文化教学的内容既包括文学、艺术等人类文明发展史,也包括社会学和文化学关注的人们的态度、习俗、日常活动、思维方式、价值观念和参考框架等。文化不仅对社会具有规范、调控和凝聚作用,而且对个人的所思、所想和所为具有指导和制约的作用。文化测试和评价如何涵盖这些内容,体现这些功能,是一个复杂、艰难的问题。另外,文化测试和评价的标准也是一个难以确定的问题。任何文化都是一个抽象的概念,它是由无数的亚文化群体构成,这些不同文化群体由于主观认识和体验的差异不可能形成统一的文化认识和表现。所以,在文化测试和评价时采

用谁的标准也是一个棘手的问题。

正因为存在主观性和复杂性的问题,一些学者甚至想放弃文化测试和评价,因为他们认为,如果不能解决这些问题,只是从形式上片面、肤浅地对文化学习进行测试反而会挫伤学习者的学习积极性,甚至对他们的文化学习起到误导作用。

然而,文化测试的主观性和复杂性不能成为放弃文化测试和评价的理由,测试和评价毕竟是教学不可缺少的重要环节,一旦放弃对文化教学内容进行测试,那么就等于放弃文化教学本身。这样一来,文化仍将作为语言教学的附属品而存在,这显然不符合跨文化外语教学的宗旨。此外,对文化教学内容的测试和评价是检验教学方法、教材和教学效果的重要手段,同时也是刺激学生文化学习积极性的重要方法,毕竟为考试而学习的思想永远不可能完全消失。所以,加强对测试和评价的研究势在必行,也可将其作为跨文化外语教学的攻关项目。

(二)从客观定量测试法到定性分析评价法

当外语教学从 20 世纪 50 年代以语法、词汇和阅读为中心的教学模式发展到 20 世纪七八十年代以交际能力为目的的教学模式时,测试也逐渐从强调认知理解和规则记忆的纯语言测试发展到包括听、说、读、写各种能力,强调语言使用和交际能力的测试。这种测试内容的改变在很大程度上促进了学习者语言能力的综合发展,但是,与纯语言测试一样,目前所使用的很多测试仍采用客观、量化的传统形式,如选择题、正误判断题、填空题等。这些测试形式将语言和文化知识技能分割成易于准备、量化和分析的、独立的考试项目,具有客观、科学、公平和高效等优点。但是,随着教育研究的不断发展,这些传统的测试形式越来越受到质疑和抨击。

总之,传统的测试形式有其特有的优势,在大型的、需要标准化测试的情况下仍然具有一定的实用价值。但是,它们对评价学习者的学习过程和学习结果却存在很多不足和偏差,在很大程度上对教师的教学和学生的学习起着误导作用,影响了整个教学活动。

二、文化测试和评价的内容

测试和评价是对教学目标和内容的反映,文化测试和评价应该以文化教学的目标和内容为基础,确定测试和评价的内容。测试之所以是目前文化教学最为薄弱的环节,最难解决的问题主要有两方面的原因:其一,缺乏一套与真实文化能力密切相关,同时又能够被观察、分析和评价的教学目的;其二,测试和评价的思想和方法陈旧,需要更新。

(一)文化测试的相关研究

文化本身的复杂性和文化理解的主观性决定了文化测试和评价是一项极为困难的活动。正因为如此,如何将文化细分成可操作的评价单位和内容,同时又不遗漏重要的文化教学内容至关重要。

将文化能力分解为文化知识、文化理解和文化行为进行测试和评价是一种很实用,又易于准备和操作的方法,对于文化教学刚刚起步、文化教学研究尚未成熟的国家和地区不失为一个好的开始。遗憾的是,它主要测试的仍然是学习者对文化信息的了解(如业余爱好、交通等)和一些简单的、关于日常生活的行为习惯(如打招呼、告别等),忽略了很多重要的文化教学内容,特别是跨文化意识、跨文化交际能力和文化学习能力等,因此具有很大的局限性。

(二)文化测试和评价的具体内容

1. 具体文化层面

知道有关目的语文化的历史、地理、政治和社会等宏观层面;理解目的语文化在其社会各种场合的功能,在语言使用中的体现,在个人生活中的作用,这是文化的微观层面;理解并能解释目的语文化的世界观、价值观和信念及其对人们日常生活和工作的影响;知道并能理解目的语文化与本族文化的差异;使用目的语言和以上相关文化知识与来自目的语文化的人们进行有效、恰当的交流。

2. 抽象文化层面

对文化差异具有敏感性,能够用不同的文化参考框架去解释文化差异;能够灵活应对不同文化,与来自目的文化和其他文化群体的人用英语进行恰当、有效的交流;掌握文化探索、学习和研究的方法。

以上关于文化学习测试和评价内容的论述表明,丰富的内容要求测试和评价的形式多种多样。文化学习贯穿小学、中学和大学,教师应该根据不同阶段语言和文化教学目标和特点的需要,对以上测试和评价内容进行选择,做到重点突出。此外,由于文化只是跨文化英语教学中的一个部分,因此文化教学测试和评价必须与语言内容的测试和评价结合起来,形成一个整体。这一点在很大程度上取决于测试和评价的方法。

三、文化学习的测试和评价方法

(一)文化知识的测试

文化知识是对文化信息、模式、价值观念和文化差异的认知理解能力。文化知识可分为普遍文化知识和具体文化知识、宏观文化知识和微观文化知识。普遍文化知识涉及文化学、社会学等学科的研究成果,英语学习者需要了解文化对于社会、交际、民族和个人的作用,这些抽象的文化知识已经得到文化学家和社会学家全面、成熟的论证和梳理,测试起来并不困难,传统的笔试基本就能满足需要。相比较而言,其他几个方面的文化知识不仅对英语教学更加重要,而且也因为较为复杂而需要得到更多的关注。

宏观文化知识的测试与评价在英语教学中已经有相当长的历史。有关目的文化的历史、地理、艺术等客观文化事实,长期以来一直作为英语学习的背景知识在各种测试中得到认可,尤其是英语专业的综合水平考试常常包括对宏观文化知识的测试。宏观文化知识也可称为被动文化知识,与主动文化知识形成对照。具体文化的微观层面的知识是英语教学关注的重点,因为它直接影响人们的语言交际和非语言交际行为,是一种主动文化知识。所以,对这些主动文化知识的测试通常采取情景化的题目设置方式,将测试任务置于具体的交际语境中,使学习者在回答问题时将文化知识与实际交际场合的需要联系起来,体现他们所掌握的是鲜活的、主动的文化知识。例如:

Choose the best answer :

When you are invited to have dinner at an American friend's home, what should you do?

A.Bring a small gift and offer to help in the kitchen.

B.Buy an expensive thing you think the host or hostess may need or like, and get ready to talk about your native culture.

C.Bring nothing as a gift, but offer to help in the kitchen.

D.Bring nothing as a gift, but get ready to talk about your native culture.

总之,与情感态度和行为技能层面相比,文化知识的测试并不困难。关键在于对文化教学大纲中确定的文化知识的教学内容进行全面细致的分析,细化成具体的测试项目,然后,根据所测文化知识的特点(主动文化知识还是被动文化知识)来确定测试的形式。

(二)情感态度的评价

情感态度是跨文化交际能力的重要组成部分,学习者只掌握相关文化知识,不在情感和态度层面同步发展,就不可能提高跨文化交际能力。然而,就测试和评价而言,由于涉及学习者的心理和情感,这一层面被认为是文化学习测试和评价的最大困难所在。情感态度并不是测试和评价的禁区,通过上述各种方法,我们可以在一定程度上了解学习者的情感态度,并弥补文化教学中情感层面由于难以评价而得不到重视的遗憾。只要认识到其必要性和可行性,必定能开发出更多、更好的情感态度测试和评价方法。

（三）文化行为的评价

文化行为指的是在交际过程中交际参与者表现出来的那些受文化影响的行为,这些文化行为往往通过语言和非语言行为表现出来。文化行为的评价可以采取一些传统笔试的形式进行,但更有效、更真实的评价方法应该是真实、直接的行为表现评价法。

文化行为测试的笔试形式包括选择、判断、问答等。例如:

Multiple choice questions: You are now a visiting student at an American university.

1. If you are having a party for the students in your class, how many days in advance would you invite them ?

A. The day of the party.

B. One day in advance.

C. Several days in advance.

D. 3 or 4 weeks in advance.

2. If you do not understand a point that your teacher makes in class, it is best to:

A. Raise a hand and ask for clarification.

B. Look confused.

C. Remain silent and ask the teacher after class.

D. Leave the class.

3. If someone offers you food that you really don't like, you might say:

A. I hate that.

B. Sure, I'd love some more.

C. I have just a little bit, please.

D. Thanks, but I'm really full.

通常,我们可以设计很多类似的笔试题型,通过情景描述和模拟现实的任务设置方式来测试和评价文化行为,但是无论情景描述和模拟现实如何具体,笔试永远是一种间接的测试方法,其真实性难以得到保证。行为表现评价法因此而得到重视。

行为表现评价法主要是企业人力资源部门用来评价员工工作表现所采用的方法,一直是管理学研究的一个重要课题。20世纪90年代以来,建立在行为主义学习理论基础上的传统测试方法,特别是标准化测试,不能满足英语教学培养英语交际能力的目的,因此以建构主义学习理论为基础的行为表现评价法越来越受到英语教学研究者的青睐,成为当今英语学习评价的一个新趋势。

将行为表现评价法应用到英语教学中的最大好处在于它比传统的测试和评价手段更直接、更真实,更能反映学习者的语言应用能力。英语学习的最终目的不是掌握英语语言知识,而是提高英语交际能力。选择、填空等传统手段对于测试学习者的语言知识非常有效,但是语言知识的学习不是英语学习的本质,只有通过基于任务或基于项目的行为表现评价法,才能真实地评价学习者的英语交际能力。采取这种评价方法的另一个好处就是它能对课程设计和课堂教学起到正确的、积极的反拨和指导作用。

(四)作品集文化学习评价法

真实性和可靠性是任何测试和评价都必须遵循的原则。真实性是对测试内容和形式是否能反映教学目的的衡量,真实性高的测试和评价不仅包括了所有应该评价的内容,而且它所采用的方法和形式能够真正评价要评价的内容,看其是否能反映被测试和评估者所掌握的知识和能力,这些是测试和评价必须达到的基本标准,可靠性是关于测试和评价结果的连续性和一致性,要求一个测试和评价工具在不同时间、不同地点使用时产生的结果一致,通常用数据来表现。真实性和可靠性的原则为文化测试和评价手段的设计和使用提供了重要依据。下面就从真实性和可靠性的角度分析一种综合性的文化测试和评价方法,即作品集文化学习评价法。

作品集评价法是一种典型的形成性的评价方法。教师和学生以学生在一段时间内(通常是以学期、学年或阶段为单位)按照教师的要求或根据自己的需要,完成的一系列系统、有序的作业、研究报告、学习日记、测试等"文件"为基础,对学习者付出的努力、进步的情况、学习的态度、学习的方法和成就的多少进行评价。无论从评价的依据还是从评价的目的来说,这都是一个较为全面、可靠和真实的评价手段。

作品集评价法是一个用途广泛的、人性化的评价方法,符合当今以学习者为中心、以建构主义学习理论为基础的教育理念。就文化学习评价而言,作品集评价法更是起着重要的作用,一方面因为测试和评价一直是阻碍文化教学的主要因素之一,将作品集评价法应用到文化教学中能够在一定程度上弥补这一缺憾;另一方面,作品集评价法特别适合对文化态度、文化知识和文化行为的综合评价,而且适用于文化教学的各个不同阶段。

以上从测试与评价的本质出发,分析了目前英语教学测试和评价的现状和问题,在比较传统的客观定量测试法与定性分析评价法的基础上,论述了定性分析评价法对于英语教学,特别是文化教学测试和评价的重要意义,可得出以下结论。

一是文化测试的主观性和复杂性决定它更应该采用定性分析评价法,如真实评价和表现评价等形式。

二是定性分析评价法注重对能力和学习过程的评价,可以对认知、心理和行为多个层面进行综合评价,而且有利于学习者参与评价过程,进行自主学习。

三是文化测试和评价的内容包括具体文化和抽象文化两个方面以及文化知识、文化意识、文化态度和文化行为等多个层面,所以采用的评价方法也应该多种多样。

四是文化知识的测试基本上可以采用填空、选择、正误判断等传统的客观题形式,重要的是将学习者应该掌握的文化知识全面、系统地通过各种测试方法予以体现。

五是对文化行为的评价既可以采取笔试形式,通过设置模拟现实的任务让学习者书面应答,也可以通过直接观察学习者真实的行为表现来进行评价。两种方法各有所长,应该有机结合。

六是作品集文化学习评价法是一种对学习者文化学习过程中知识、情感和技能发展情况综合的、人性化的评价方法,符合以学习者为中心、以建构主义学习理论为基础的现代教育理念,特别适合文化学习评价。

第四章　跨文化视域下的英语听说教学

第一节　跨文化视域下的英语听力教学

一、听力

（一）听

著名学者林奇和门德尔松特别指出了"听"和"说"的内在联系,他们认为要想成功地"听",还必须在"说"上下功夫,但是"听"同时还会受到其他声音信息和画面信息的影响,这就要求听者在已有经验的基础上根据语境对话进行准确把握。另外,"听"不是单一的,是连续不断的一种处理过程,包含以下部分。

一是如何将语音进行划分。

二是如何对语调形成一种认识。

三是如何对句法进行详细的解读。

四是如何把握语境。

大多数时候,上述过程是在人们的无意识中悄悄进行的。

此外,两位学者还就"听"和"读"的联系与区别进行了阐释,并认为与"读"相比"听"的作用更加显著,具体包含以下几点。

一是让人感受到一种韵律的美。

二是让人产生一种对追逐速度的急切心理。

三是对信息的加工和反馈都在最短的时间内完成。

四是耗时较短,通常不会重复进行。

"听"与"读"都是一种对信息的输入,但是在高校英语听力学习中教师绝对不能将"听"看作阅读的声音版,而应该认真研究"听"的本质属性,并据此去组织教学,从而帮助学生获得一定的听力技能。

(二)听力理解

1. 时效性

时效性是指听力理解要求听者在一定的时间内高效地对声音信息进行加工。要做到这一点,听者需要认识到时间的紧迫性并且能够快速地判断。声音信息输入的流线型特点同样要求听力理解具有时效性。听力理解是否具备时效性,往往成为衡量一个人听力能力的一个关键指标之一。

在高校英语听力学习中,教师可以将听力理解的时效性特点向学生进行详细的解释,这样可以督促学生制订出更好的听力计划,促使学生监控和评估自己的听力能力。如果要想保证理解效度的最大化,听者就需要解决自身的听力时效性,如果不能解决这一问题,那么听者就很难理解发话人接下来的话语。

2. 过滤性

过滤性是指听者在听力理解的过程中能够准确地筛选出有用的信息,而剔除那些无用的甚至是干扰的信息。简单来讲,过滤性就是"抓关键信息"。

显然,听者不需要原原本本地将听力内容在头脑中放映一遍,但是必须能够把握住听力内容的中心思想。因为听力理解的内容是一连串连续性的语言符号,人们必须从整体上把握内容,而不是孤立地关注某一个音素。想要把握听力内容的中心思想,不偏离听力内容的大方向,就必须先获取发话人的"主题",然后围绕这一主题探索事件的时间、地点、过程以及发话人的思想情感等边缘要素,主题和边缘要素存在着一种内在的连贯性。

3. 即时性

即时性是指听力理解无法提前安排和计划,都是随时进行、随时结束的。这就使得我们不可能提前对听力理解进行演练,从而导致了听力理解的不可预知性,这正是它的难点所在。因此,在听力学习中,教师应该尽可能地培养学生对听力材料的适应能力,能够对各种情况做到随机应变。

4. 推测性

推测性是指听力理解是通过推理进行的。其实说到底,只要是含有理解的行为,就少不了推理的存在。说得具体一点,推理就是依靠自己的主观能动性不断验证先前的假设的认知过程。

在一次完整的推理中,有两个环节是必不可少的。首先是预测将要发生的事情,其次是对结果进行推断。当然,这两个环节有其存在的前提,也就是我们不能做无缘无故的预测,而是要根据已有的知识经验来推测未知的事物。并且已有的知识经验和未知的事物之间是有着内在关联的,听者就是需要通过这些显性或者隐性的关联来寻找发话人的信息,从而推测相互发话人的意图。

5. 情境性

情境性是指听力理解是发生在特定的时间、场合之下,时间、场合就构成了听力理解的情境。随着时间和场合中任何一方面的改变,情境就会改变,这就引起了不同听力情境的发生。

听者之所以要关注听力理解的情境,是因为这些情境中包含着很多重要细节,它们决定了听者对话语意义的理解,同时为即将产生的话语提供理解的线索。在日常的听力学习中,教师要提醒学生注意情境,有意识地提高学生对情境的敏感度,从而促使学生对话语有更准确的理解。另外,教师应该尽量为学生创设真实的情境,因为语言的运用就是在真实的情境下发生的。

6. 共振性

"共振性"这一概念应该是从物理学中移植过来的,表示一种瞬间感应性。听力理解具有共振性,是指听力理解是在对应原则的基础上发生的,有着自己独特的经验和惯性。

具体来讲,在听力理解中,一些新信息不断地刺激大脑,从而激活大脑中的已有知识,新知识和已有知识之间的交流就是共振。那也就意味着,你拥有的知识总量和你的感知能力的高低是成正比的,和你的共振频率也是呈正相关的。听力理解的共振性和信息加工理论中的"编码—解码"程序具有很大的关系。

二、高校英语听力教学的原则

(一)注重情感原则

在教学中,教师除了要注重学生学习本身外,还要重视学生的情感体验。情感是学生智力与非智力发展的原动力,学生只有具有了一定的情感体验,才会有相应的智力及非智力活动,也才能对所学知识产生感情,从而在学习中获得事半功倍的效果。在大学听力教学中,教师也要充分重视情感因素,在教学各个环节都要充分考虑学生的情感因素,有效降低情感过滤作用,使学生积极参与课堂上的各种活动,从而达到获得信息、吸收语言的目的。具体而言,教师要创造一个轻松、愉快的课堂环境。例如,教师在听的过程中可以穿插一些幽默小故事、笑话、英文小诗、英文卡通或英文歌曲等,也可以根据实际情况改变听的形式或更换听的内容等,努力消除学生因焦虑、害怕等产生的心理障碍,创造和谐的学习氛围,使学生获得良好的学习体验,进而提升学生的听力水平。

(二)激发兴趣原则

听力能力的提高需要一个过程,不能一蹴而就,还需要不断的练习和努力,很多学生由于自己听力能力不佳,加上进步缓慢,因此对听力学生缺乏兴趣。由此可见,兴趣对于英语听力学习至关重要。对此,教师在开展高校英语听力教学时要有意识地激发学生的兴趣,也就是遵循激发兴趣原则。具体而言,教师在进行听力教学之前,首先要充分了解学生的兴趣所在,即了解学生对哪些听力活动和听力内容感兴趣,然后以此为依据来调整教学内容和教学方法激发学生的听力兴趣,调动学生的积极性,进而提高学生的听力水平。

（三）综合原则

在高校英语听力教学中，应分析性地听，要以词、词组、句子为单位，注重对细节内容的把握。在这种情况下，学生在听材料时就要"抠"字眼。例如，对于听力题中涉及的有关时间、地点、数字等问题，学生在听的过程中对此类细节应特别注意并做简单记录。综合性的听则以语篇为单位，注重对听力材料的整体理解，这种原则可以解决听力题中涉及材料主旨大意、整体思想的理解等方面的问题。分析性的听是综合性的听的基础。一般来讲，听力题往往既涉及材料的通篇理解，又注重考查细节问题，所以，听力训练中就要求教师遵循综合性的听与分析性的听相结合的原则，设置相关的听力训练，培养学生的听力理解能力。

（四）循序渐进原则

高校英语听力应层层有序开展，从简单到复杂逐步进行，即要遵循循序渐进原则。具体而言，在高校英语听力教学中，教师应充分了解学生的学习情况，选择符合学生学习阶段英语水平的听力材料，而且听力材料要由易到难，同时兼顾多样性和真实性。在听力教学初期，教师要选择语速适中、吐字清晰的材料，随着教学进度逐步增加难度。听力材料也要贴近生活，最好选择社会热点话题、故事以及日常会话等，以激发学生学习的兴趣。

（五）强化文化背景知识原则

语言与文化密切相关，很多英语词汇、短语、句子等都蕴含着丰富的文化信息，如果不了解语言背后的文化信息，将很难理解其内在含义，更无法有效进行交流。可以说，很多听力材料背后都蕴含一定的文化知识，学生如果没有掌握必要的文化背景知识，即使听懂了个别甚至全部语句，也不一定能完全理解材料所隐含的深层文化含义，进而影响对材料的准确理解。因此，在高校英语听力教学中，教师必须重视强化学生的英美文化背景知识，提高学生对文化知识的敏感度。教师可以通过组织一些活动，如播放优秀的英美影片、引导学生阅读一些文学名著、组织具有鲜明特色的文化交流活动等，来培养学生的文化素养，进而提高学生的听力能力。

（六）情境性原则

听力是交际的重要方式,学生只有在自然、真实的环境中,才能与环境产生相应的互动,获得真实的语言体验。很多教师往往都有这样的感受,即教师竭尽全力鼓励学生参与课堂活动,但学生依然对听力学习缺乏积极性,因此导致课堂教学十分沉闷。实际上,良好的课堂氛围需要师生共同营造,教师应该与学生积极沟通,充分发挥自己的主导作用和学生的主体作用,应在活跃、自然、民主的课堂环境下,创建英语语言情境,进而培养学生的听力能力。

（七）气氛活跃原则

在高校英语听力教学中,教师必须意识到情感因素的重要性,情感是学生智力与非智力发展的原动力,学生只有有了一定的情感体验,才会有相应的智力及非智力活动,也才能对所学知识产生感情,从而在学习中获得事半功倍的效果。在听力教学中,教师也要充分重视情感因素,在教学各个环节都要充分考虑学生的情感因素,有效降低情感过滤作用,使学生积极参与课堂上的各种活动,从而达到获得信息,学习语言的目的。

三、高校英语听力教学中的跨文化因素

（一）词语文化差异对听力教学的影响

在听力学习过程中,很多学生都反映有的听力材料看上去并不复杂,也没有生词,语言结构也不复杂,但在听的过程中总觉得晦涩难懂,无法理解其内涵。这种情况主要是由于不理解词语的深层文化内涵造成的。心理语言学认为,听者在大脑中储备的文化背景知识与听力材料互相作用的动态过程,是实现有效地听的重要前提。

（二）社交文化差异对听力教学的影响

学生学习英语听力是用来社交的,如果不了解中西方社交差异,将会对其交际过程产生不利的影响。中西方社交差异在多个方面都有体现,其中在俚语的表达

方面就体现得尤为明显。英语的俚语相当于我们的歇后语,蕴含着发人深思的内涵。例如,fill someone in 的真正含义是"告诉某人,让他了解一些状况"。由于大学生很容易逐词逐句地理解这一短语,将其理解为"把某人填进去",这必然会对听力产生影响。对此,在高校英语听力教学中,教师应引导学生了解中西方社交文化的差异,培养学生的文化差异意识,切实提高学生的听力理解能力。

除了上述两个方面,英汉的思维模式差异、历史背景差异、地理环境差异等都对听力理解有着重要的影响,在具体的教学中,教师应尽量全面地丰富学生的文化知识,提高学生的文化素养,为学生听力能力的提升排除文化障碍。

四、跨文化视域下高校英语听力教学的方法创新

(一)技能教学法

1. 听前预测

在进行听力之前,进行一定的预测是很有必要的。在教学中,教师可以指导学生在正式听听力材料之前,先浏览一下听力问题,据此预测听力测试的范围,如地点、时间、人名等,这样可使听力更具针对性。

2. 抓听要点

在听的过程中,要学会抓听要点。也就是抓听交际双方言语活动中的主要内容、主要问题、主题句和关键字等,对于一些无关紧要的内容则可以不用重点去听。

3. 猜测词义

听力过程中不可能听明白每一个词,而且有时难免会遇到陌生的单词,此时如果停下来思考这个词的意思,就会影响整个听力材料的理解。这时可以继续听,通过上下文来猜测词义,这样既不会中断思路,也能流畅地理解听力材料内容。

4. 边听边记

听力具有速度快和不可逆转性的特点,听者在有限的时间内不可能听懂和记住所有的内容,此时就需要借助笔记来辅助听力活动,也就是边听边记录。听力笔

记不需要十分工整,主要听者自己能看明白就行。

(二)文化导入法

1. 通过词汇导入

词汇是语言的基本要素,并且蕴含着深厚的文化内涵,所以要了解西方文化,首先要从词汇开始。在高校英语听力教学中通过词汇向学生导入文化知识,不仅可以提高学生的文化意识和素养,还能丰富学生的词汇量,为听力能力的提高奠定基础。

2. 通过习俗导入

交际中必然会涉及习俗文化,如打招呼、称呼、感谢等,了解这些习俗文化对听力能力的提高具有重要意义。在具体的听力教学中,教师可以设计情境对话,或者安排学生进行角色扮演,让学生置身于英语环境中感受英汉习俗文化的差异,听取地道的英语表达,锻炼英语听力能力。

3. 通过网络多媒体导入

现代信息技术的发展促使网络开始普及,而且在各个领域发挥着巨大作用。在信息化时代,教师可以充分利用多种网络技术向学生输入文化知识。具体而言,教师可以通过多媒体设备向学生展示文化知识,引导学生进行广泛的听力活动。此外,教师可以鼓励学生通过网络寻找听力资料进行练习,这样可以培养学生的自主学习能力,锻炼学生的听力能力。

(三)电影辅助法

1. 观赏影片前

在观赏影片之前,教师和学生需要做一些准备工作。这些准备工作是指在选定影片之后,教师要为学生布置好与电影主题相关的作业,鼓励学生在课下通过网络搜集一些与电影背景相关的信息,通过此方式加深学生对影片的了解。在临近观看前,教师要对影片的相关内容进行介绍,并提出相关的拓展学生思维的问题,如影片中有哪些俚语以及主角爱好等,这样能够引导学生带着问题和好奇心去观看影片。在准备工作完成之后,学生在了解影片的基础上,边观看影片边解决问题,以期达到更好的学习效果。

2. 观赏影片中

在观看影片的过程中,教师可选择和运用影片中某个经典的片段的放映来指导学生进行精听。精听要求学生听清每一个词、短语和句子,清楚每一个情节。通过精听,教师可以更好地引导学生学习影片中的语言。在精听的同时,教师还可以采取泛听的方法,让学生了解影片的故事梗概。此外,在播放影片的过程中,教师可以根据学生的英语水平和影片中的相关内容适时暂停影片,提醒学生影片中的一些关键对话,辅助讲解一些俗语、委婉语、禁忌语等,同时分析其中所涉及的中西方文化差异,帮助学生掌握语言精华,培养其跨文化交际意识。

3. 观赏影片后

在影片结束之后,教师可以有针对性地进行扩展活动,即选择影片中的经典情节,组织学生进行角色扮演,从而巩固学生的听力水平,锻炼学生的表达能力,提高学生发音的准确性,培养学生的语感,同时树立学生的信心,促使学生开展合作学习。另外,教师可以鼓励学生谈论影片的主题及意义,引导学生撰写影评,这样可以让学生巩固通过影片所学的词汇、语法等知识的运用,进而提高学生的写作水平。

总体来说,英语电影语言丰富,情节生动,深受学生的喜爱,将其运用于高校英语听力教学,将能够为学生营造一个真实的语言环境,锻炼学生的听力能力。但是需要注意的是,采用电影辅助法开展高校英语听力教学,在选材上要多加留意,要选择那些语音纯正、用词规范、内容健康的经典影片,这样才能让学生学到地道的英语表达,提高学生的听力水平。

第二节　跨文化视域下的英语口语教学

一、口语

对于学习英语口语的学生而言,他们想要使用英语进行口语表达,首先就需要掌握一些英语的基础知识,如英语的节奏感、语音、语调,学生除了要掌握发音,还要掌握这门语言的功能。个体想要掌握一门语言,不仅要学会发音,还需要把握这门语言的其他方面的知识内容,如这门语言背后的社会习俗、文化背景、交际方式、社会礼仪等。可见,语言交际看似简单,其实相对复杂,是上述所有内容的一种综合体现。

人们对口语能力这一概念的理解往往不同,不同的理解通常会带来不同的教学效果。英语作为一门语言,是随着社会的发展而发展的,其学习理念同样会逐渐变化。在以前,人们认为英语教学的理念就是发展学生的语言能力,让学生掌握基本的语音、词汇、语法、句法,学生只要对这些知识有了充分的掌握,就会自觉学会运用,流利地使用这门语言进行沟通与交流。

二、高校英语口语教学的原则

(一)循序渐进原则

口语能力的提升需要一个很长的过程,不可能一蹴而就,因此在高校英语口语教学中,教师应遵循循序渐进原则,即由易到难、由理论到实践、层层深入,逐步提升学生的口语能力。我国的大学生来自全国各地,不仅英语水平参差不齐,发音也会受方言的影响,因此教师在口语教学的过程中首先应该解决学生语音、发音层面上的问题与困难,纠正他们的错误发音,让学生根据从简单到复杂的程序,从语音、语调、句子、语段等逐步进行锻炼。另外,教师在安排与设计教学步骤时要遵循科学原则,充分把握难易程度。如果教学目标定得太高,学生学习起来会有压力,如果目标定得太低,学生学习起来会缺乏挑战性和乐趣,因此教学目标设计要适度,应符合学生的实际水平。

(二)互动性原则

口语练习本身是一件很枯燥的事情,长期的枯燥练习很容易使学生失去对口语的兴趣。对此,教师在口语教学中要坚持互动性原则,不要放任自流,完全不管学生的练习进度与练习效果。教师应努力使学生的口语训练充满互动性,这种互动能有效保持学生对口语学习的兴趣。此外,为保证练习的互动性,教师为学生设计的话题应能够使学生展开互动性的练习活动法,使学生之间进行有效的互动练习。我们在后文提到的任务教学法、交际教学法中的各种活动都很好地遵循了互动性原则。

(三)主体性原则

所谓主体性原则,是指在明确教学主体的前提下开展教学。高校英语口语课堂需要主动开口交流,学生无疑是课堂的主体,应该是教学中最积极、活跃的主动参与者。与此同时,教师在教学中处于辅助地位,是学生学习的引导者,为学生提供必要的帮助。在高校英语口语教学中,无论是教学计划还是教材内容,这些都是口语教学的辅助性内容,学生能否积极参与教学活动才是关键。英语口语相较于其他学科有其本质上的特殊性,因此教师应遵循主体化原则来指导学生学习,根据学生的实际情况和需求设计具有吸引力和价值的口语课堂教学,从而激发学生的积极性,提高学生的口语能力。

(四)内外兼顾原则

所谓内外兼顾原则,是指考虑问题时要顾及内、外两个方面。在这一原则的指导下,教师在高校英语口语教学的过程中不仅要重视课堂教学,还需要引导学生合理利用课外活动来练习口语。事实上,学生的口语学习应该以课堂教学为主,并且将课外活动中的口语学习作为课堂学习的一种补充,二者相互促进、相互配合。在课堂教学练习的基础上,学生开展相应的课外活动,可以将课堂上所学习的知识在课外活动中进行充分实践,从而达到复习、巩固知识的目的。此外,学生在课外活动中还可以运用课堂上所学习的理论知识,将知识内容转化为技能。与课堂活动相比较而言,课外活动的氛围比较轻松,学生的心情也会十分愉悦,在这种放松的心情下来练习口语将会取得令人意想不到的效果。在课程结束之后,教师为学生安排作业与练习之前,可以将学生分组,让学生以小组为单位来完成作业,通过相互讨论小组任务,可以帮助学生提升自身的口语能力,同时可适度加强学生的团结协作能力。

(五)先听后说原则

在英语语言技能中,听和说相辅相成,听是说的基础,俗话说"耳熟能详",只有认真听、反复听、坚持听,才能最终说一口流利的英语。因此,高校英语口语教学应当坚持先听后说原则,即教师首先应注意加强学生听的能力,其次才是说的能力。只有坚持先听后说原则,才能帮助学生掌握正确的发音,为训练口语能力打下良好基础。

(六)目的性原则

所谓目的性原则,是指明确口语教学的最终目的。在口语学习过程中,学生十分在意自己在语言交流中是否犯了语法错误,是否发音标准等。实际上,在英语口语教学与交流沟通并不拘泥于形式上的格式要求,在语言交流过程中产生语法错误是不可避免的,即使本国人用母语交流,也会出现用词不当、语法不符合标准等问题。所以,学生口语学习和口语教学的重点不在于如何纠错,而在于如何有效地进行交流。交际中的一些小错误可以被忽略,相较于追求语言形式的准确,流利地进行沟通能更好地表达深层含义。因此,高校英语口语教学应明确目的性原则,在教学中应认真聆听学生的交谈,而不要因为某个错误而随便打断学生讲话,中断学生的思路。教师可以在学生交流结束后,针对交流中存在的一些细节问题加以指导,并且以鼓励为主,这样能激发学生大胆说英语的积极性,也能引导学生在日常生活中学会自我纠正。

（七）科学纠错原则

口语学习中免不了出错,这是非常正常的事情,因此教师对学生在口语活动中出现的错误一定要采取科学的态度来对待。一般来说,如果是学生正在进行口语对话训练,教师对一些无关紧要的语法问题可以酌情忽略,不要听到学生出现错误就立即打断并纠正,这样很容易打击学生说的积极性。教师应当在学生对话训练结束之后,统一指出训练过程中的错误,并提醒学生加以注意。当然,对一些重大的错误,教师也要在训练结束后需要立即指出并告知学生,以免再犯。

（八）实用性原则

在高校英语口语教学中遵循实用性原则,是指在教学中要明确口语练习与口语教学的基本目的。口语的作用在于交际,在于传递信息,因此高校英语口语教学的最终目的在于培养学生的社会交流能力,而非单纯的书面表达能力。无论语言多么漂亮,如果不能在合适的场合发挥作用,不仅不会达到交流目的,也会影响语言的交织。语言与文化密切相关,人们在日常的交流过程中培养的是语言习惯,而不是单纯地进行内容联系。语法瑕疵并不影响正常的交流,但语言使用规则是无法逾越的雷区。也就是说,高校英语口语教学应有计划地进行文化教学,渗透社会文化背景知识的讲解,让学生明白在什么场合使用什么样的交流方式。具体而言,教师可以充分利用多媒体技术,通过电影、视频等营造语言环境,创造交流空间。教师还可以引导学生阅读英语剧本,让学生了解剧本中所隐含的社会文化背景,然后指导学生进行角色扮演,锻炼学生的口语能力。

三、高校英语口语教学中的跨文化因素

（一）词汇内涵差异对口语教学的影响

词汇是人们撰写文章、口语表达的基础,要想准确地传递信息和情感,首先要掌握大量的词汇,并且要了解词汇的含义,包括基本含义和内在文化含义。词汇蕴含着丰富的文化内涵,这对口语表达也有着至关重要的影响作用。英汉文化差异

在词汇上有着鲜明的体现,所以了解和掌握这些词汇的文化内涵,并将其准确地应用到口语表达中,将能有效提高语言表达的水平。例如,在交际中当对方说"Paul was in blue mood."这句话时,如果不理解 blue 的文化含义,将很难顺利进行交际。在这里,blue 并不指其基本含义"蓝色",与 mood 搭配表示的是"沮丧的,忧郁的"。了解了这一文化含义,交际自然就能顺利进行了。这样的例子还有很多,如在汉语文化中,"马"(horse)被人们视为朋友,属于积极进取、奋发图强、吃苦耐劳、勇往直前的正能量代表,如"马到成功""龙马精神"等都表达了这一象征意义。但在英语文化中,horse 常用来做普通的喻体而已,和马毫无关系,如 white horse(泡沫翻腾的浪峰),horse of another color(完全不同的另一回事)等。

对此,在高校英语口语教学中,教师首先应丰富学生的词汇量,同时让学生掌握词汇所蕴含的文化含义,并了解英汉词汇含义所体现出的文化差异,从而培养学生的词汇对比意识,提高学生的口语表达能力。

(二)语用规则差异对口语教学的影响

语言交际是有一定的规则,即语用规则。如果不了解英汉语用规则,就会对交际造成影响。例如,在寒暄方面,中国人见面习惯说"吃过了吗"以表示关心。这样的表达并不在于"吃饭"本身,而是一种招呼用语,有着类似于"你好"的问候语义,相当于英语中的 hello。但是在西方国家,如果听到"Have you eaten yet?"时,会理解为对方想请他吃饭,然后会作出回应:"Thank you, it is very kind of you."

对此,在高校英语口语教学中,教师应向学生介绍英汉语中的语用规则,和英汉语用规则的差异,以免学生在交际实践中出现误解而影响交际。

(三)地理环境和气候条件差异的影响

地理位置不同,其气候条件也不同,这会对文化产生一定的影响,进而在语言中有所体现。例如,英国是个岛国,多面环海,处于温带海洋性气候带,气候四季温暖。受地理环境和气候条件的影响,英国降雨频繁,随时都有可能下雨,因此人们常随身带伞。基于这一背景,在日常生活中就不宜跟英国人开关于天气的玩笑,否则会引起交际失败或者冲突。

四、跨文化视域下高校英语口语教学的方法创新

（一）文化对比法

英汉文化差异对口语交际有着很大的影响,因此在英语口语教学中,教师应加入中国文化元素与西方文化元素的对比,呈现中西方文化之间的差异。以饮食文化为例,西方人宴请客人时多考虑客人的口味、爱好,菜肴通常经济实惠。中国人为了表示热情好客,在请客时通常准备多道菜肴,而且讲究菜色搭配。引导学生进行文化对比,不仅能提高学生的文化适应性,还能减少汉语思维的负面影响,进而提高学生的跨文化交际能力。

（二）创境教学法

1. 角色表演

教师可以根据教学内容让学生进行角色扮演,将主动权交给学生,让学生自主分工、自行排练,然后进行表演。这种方式深受学生喜爱,不仅能缓解机械、沉闷的教学环境,还能激发学生说的兴趣,让学生在真实的社会场景中进行社交活动,锻炼口语能力。当学生表演结束后,教师不要急于评价学生,应先给学生一些建议,然后再进行点评和总结。

2. 配音

配音是一种有效锻炼学生口语能力的方式,教师可以充分利用配音活动来提高学生的口语水平。具体而言,教师可以选取一部英文电影的片段,先让学生听一遍原声对白,同时向学生讲解其中的一些难点,然后让学生再听两遍并记住台词,最后将电影调至无声,让学生进行配音。这种方式可有效激发学生开口说的积极性,能让学生欣赏影片的同时锻炼口语能力。

（三）交际教学法

交际教学法诞生于 20 世纪 80 年代,其以交际能力的培养为目标,更加注重语

言的实际运用,旨在提高语言交际的质量。交际教学法认为,英语教学的根本目的就是培养学生的交际能力,因此各种语言知识与技能的学习与训练都必须为交际能力服务。交际教学法打破了传统教学教师"一言堂"的教学模式,教师不再是教学的"主角",学生也不再是被动的"观众"。在交际教学中,教师要发挥自身主导作用,尊重学生的主体地位,合理安排课堂活动,将学生置于真实的语言环境中,帮助学生开展各种交际活动。

在口语教学中,交际教学法是一种行之有效的方式,课堂口语训练的内容有很多,如语音训练、会话技巧、交际技巧等,无论哪种训练,其核心内容都是语音的功能。

第五章　跨文化视域下的高校英语读写译教学

第一节　跨文化视域下的英语阅读教学

一、阅读

阅读是人类社会的一项重要活动,这项活动是随文字的产生而产生的。正是由于有了文字的存在,人们才可以把语言的声音信息转化为视觉信息,并把它长期保持下来。这样就突破了语言在时间上和空间上的限制,使人类社会所积累起来的经验能够系统地得以保留和传播。

在现代社会中,不仅学习者的学习离不开阅读活动,社会生活的各个方面也都离不开阅读活动。阅读活动的性质可从以下几方面理解。

一是阅读是以书面材料为中介的特殊的交际过程。它是作为一种特殊的交际方式而存在的社会现象,作者—文本—读者三级是构成这个过程的三个基本要素。在这个过程中,读者不仅要透过文本去发现、理解作者要表现的世界,还要通过与作者在情感、理智上的对话与交流,实现意义的生成及主体自我的创造与重构。

二是阅读是读者从书面语言符号中获取意义的认知过程。通过阅读,读者可以把外部的语言信息转化为内部的语言信息,将文本所蕴含的思想转变为自己的思想,从而不断地丰富和完善自己的认知结构。

三是阅读是人类社会的一种言语实践行为。它是主体感受、理解文本、建构与创造意义的过程。

四是阅读是一种复杂的心智活动过程。在阅读活动中,读者先要运用视觉感知文字符号,然后通过分析、综合、概括、判断、推理等思维活动对感知的材料进行加工,把经过理解、鉴别、重构的内容融入原有的认知结构之中,而且这种思维活动要贯穿阅读过程的始终,必须凭借全部的心智活动及特定的智力技能才能完成。

二、高校英语阅读教学的原则

(一)重视一般词汇教学原则

对于英语阅读而言,词汇是必不可少的组成部分,也是顺利进行阅读的基础。作为一名英语教师,应该理解词汇在阅读理解中所扮演的角色。学生理解基础词汇,有助于他们在阅读上下文时猜测出一些低频词汇的含义。根据研究显示,那些经常阅读学术性文章的学生对术语应对的能力要明显强于应付一般词汇的能力。因此,学生如何积累一般的词汇是教师需要关注的问题。

在词汇积累教学中,单词网络图是比较好的方式。在英语阅读课堂上,教师可以给出一个核心概念词,然后让学生根据该词进行扩展,从而建构其他与之相关的词汇。需要指出的是,高频词教学在词汇积累中是非常重要的,其有必要渗透在英语听、说、读、写、译教学之中,并在细节层面给予高频词过多的关注,这样才能便于学生顺利完成阅读,并能根据这些高频词顺利猜测出陌生词的意义。

(二)激活背景知识原则

文化语境知识即所谓的背景知识,是读者在对某一语篇理解的过程中所具备的态度、价值观、对行为方式的期待、达到共同目标的方式等外部世界知识。在英语阅读教学中,背景知识是重要的组成部分,尤其是对母语为汉语的人来说,阅读那些源自汉语文化背景的著作要容易一些,但是阅读那些不同文化背景下的相关著作必然会遇到困境。要想对以英语文化为背景的语篇有深刻的理解,必然需要具备相关的文化语境图式,这样才能实现语篇与学生文化背景图式的吻合。读者的背景知识会对学生的阅读理解产生影响。其中,背景知识包含学生在阅读语篇过程中所应该具备的全部经历,包括教育经历、生活经历、母语知识、语法知识等。如果教师通过设定目标、预测、讲解一些背景知识,读者的阅读能力就能够大幅度提高。如果学生对所阅读的话题并不清楚,教师就需要建构语境来辅助学生的学习,从而启动整个阅读过程。

具体来说,教师在进行备课时要精心准备教材,弄清弄透英语阅读教学中存在的文化语境空白,对材料进行精心的选择,或者为学生提供某些线索,让学生通过一定的手段和方式处理语篇中涉及的文化背景知识。当然,由于课堂时间是非常有限的,学生不可能解决所有不熟悉文化背景知识的内容,这时候就需要教师充当建构新文化语境的工具。教师需要了解学生在自主学习中遇到的问题,帮助学生顺利理解所学的知识与材料。

(三)速度与流畅度结合原则

英语阅读教学存在一个严重的困难就是,虽然学生具备了阅读的能力,但是很难进行流畅的阅读。也就是说,当教师将更多的关注点放在学生阅读的准确性上时,就忽视了学生阅读的流畅性。这就要求教师在阅读教学中应该找寻一个平衡点,不仅要帮助学生提高阅读的速度,还要保证学生阅读的流畅性,这是阅读教学提高速度的最终目的。一般来说,学生阅读的过程不应该被词汇识别干扰,而是应该花费更多的时间研读内容及语言背后的文化。要想提升阅读的速度,一个好的办法就是反复进行阅读。让学生通过反复的阅读,直到实现速度与理解的结合。

(四)把握阅读教学关键原则

英语阅读教学应当与其他教学一样,教师将更多的关注点放在教学检测结果之上,而阅读理解中的理解却被忽视。实际上,成功完成阅读的关键就在于完善与监控阅读理解。为了能够让学生学会理解,可以从学生的自我检测入手,并鼓励学生同教师探讨具体的理解策略,这是元认知与认知过程的紧密结合。例如,教师不应该在学生阅读完一篇文章之后,提问学生关于理解的问题,而是应该为学生示范如何进行理解。全体学生一起阅读,并一起探讨,这样便于每一位学生理解文章的内容。

三、高校英语阅读教学中的跨文化因素

（一）历史文化差异对阅读教学的影响

每一个国家和民族在漫长的演变和发展中形成了有着民族特色的历史文化，蕴含着丰富的文化底蕴。在阅读英语文章时，学生时常会因为不了解相关的历史文化而产生阅读障碍。

（二）思维模式差异对阅读教学的影响

不同的民族有着不同的思维模式，这种思维模式在语言中有着显著的体现，即表现为英汉语篇有着显著的差异。英语语篇属于演绎型语篇，往往开门见山，在文章的一开头就表明作者态度，随后再进行验证说明。汉语语篇属于归纳型语篇，往往是先摆事实、讲理由，最后得出结论，而且作者的主题思想比较隐蔽，需要学生边阅读边体会。这就使得学生养成了精读的阅读习惯，在面对英语文章时不善于运用略读等技巧，进而影响阅读效率。

对此，教师在阅读教学中应引导学生了解英汉思维的差异以及这种差异对语篇阅读的影响，培养学生的英语思维，锻炼学生运用英语思维理解文章的能力。

（三）社会文化差异对阅读教学的影响

由群众创造的具有民族特征的并对社会群体发挥作用的文化现象就是社会文化。社会文化的不同也对学生的英语阅读造成了一定的影响。例如，bread and butter 这一短语，bread 的意思是"面包"，butter 的意思是"黄油"，在西方，面包和黄油都是很日常的食物，是人们日常生活中不可缺少的，因此 bread and butter 在英语中就常用来引申为"生计，主要收入来源"。如果学生不了解这一文化背景，在阅读中就会影响正确理解。

四、跨文化视域下高校英语阅读教学的方法创新

（一）文化导入法

1. 介绍文化差异，激发学生阅读兴趣

在高校英语阅读教学中，教师可采用适当的方式方法来激发学生的阅读兴趣和热情，调动学生的积极性，使学生获得文化知识，提高阅读水平。其中，在阅读教学中进行英汉文化差异的介绍和分析，就是一种调动和培养学生学习兴趣的有效方法。此外，在教授外国文化知识的过程中不断地向学生渗透历史地理、风土人情、日常生活等中国文化知识，也可以有效调动和培养学生的学习兴趣。

2. 培养学生的文化意识

为了切实提高学生的英语阅读水平，提高学生的阅读乐趣，教师有必要培养学生的文化意识。具体而言，限于课堂时间有限，教师可以充分利用课外时间，向学生推荐一些英美文学作品让学生在课下阅读。通过阅读英美文学作品，学生能切实感受西方文学和文化，从中掌握词汇，习得语法，积累大量素材，养成良好的阅读习惯。

（二）阅读策略讲授法

1. 引导

引导过程的基本任务是确定学习目标，唤起学习者的学习动机。一般包括以下教学内容：预习、解题、介绍有关资料、导入新课。阅读实践中，可以全部运用，也可以只运用其中的若干项。

（1）预习

预习是学习者学习的准备阶段。学习者可以在课前预习，也可以在课堂上进行预习。

（2）解题

课文标题相当于文章的"眼睛"，透过课题可以了解文章的内涵和特点，所以，标题有助于学习者找到理解课文的纹理脉络。有时，课文标题可以与文章内容相

关,或者是课文标题直接揭示主题,指示选材范围或对象,直接指示事件,再或者隐含深刻寓意等。

（3）介绍有关资料

介绍有关资料是帮助学习者深入学习和理解课文的基础,包括介绍作者生平、写作缘起、时代背景和社会影响等内容。介绍有关资料也应据课文特点和学习者学情具体而定,既可以对几个方面的内容都做介绍,也可以有选择地进行介绍。

2. 研读

研读过程是阅读的核心环节,主要是对课文的内容和形式做深入地研读和探讨。根据阅读活动的特点,研读过程一般分为三个阶段:感知阶段、分析阶段、综合阶段。感知阶段是对课文的整体认识,分析阶段是深入课文的具体认识,综合阶段是课文的整体理解和把握。

（1）感知阶段

感知阶段一般包括认识生字新词、课文通读、感知内容、质疑问难。

（2）分析阶段

分析阶段是对课文内容和形式进行深入细致的具体分析研讨,主要包括文章结构分析、内容要素分析、写作技巧分析、语言特点分析、重难点分析。

（3）综合阶段

综合阶段是在分析阶段的基础上进行的,是由局部到整体的概括过程,是由现象到本质的抽象过程。综合阶段的教学任务一般包括概括中心思想、总结写作特点等。

3. 运用

运用过程的基本任务就是学习者把分析综合阶段中学得的知识应用于实践,转化为英语能力。转化的途径就是集中训练,一般采用听、说、读、写等多种方法进行,这是阅读的关键。

阅读过程中有多边矛盾,而核心的矛盾是学习者认识、学习课文的矛盾,其他矛盾都从属并服从于这一矛盾。因此,学习者应有效地认识、学习课文。

(三)阅读技巧介绍法

1. 朗读

朗读就是出声地读,是通过读出词语和句子的声音把诉诸视觉的文字语言转化为诉诸听觉的有声语言。朗读有助于增强对语言的感受能力,从而加深对文章思想感情的体味理解;可以促进记忆,积累语言材料;有助于形成语感,提高口语和书面的表达能力。朗读训练的方式主要有:范读、领读、仿读、接替读、轮读、提问接读、齐读、小组读、个别读、散读、分角色读等。对读物可采取全篇读、分段读、重点读等。

2. 默读

默读是指不出声的阅读,它通过视觉接受文字符号后,直接反射给大脑,可以立即进行译码、理解,因此,默读又称"直接阅读"。一般说的阅读能力,实际多指默读能力,因为它在实际学习和生活中运用得最多。

默读训练的要求是感知文字符号要正确,注意字音、字形、词语的搭配、句子的排列;要讲究一定的速度,要学会抓重点;在阅读中学会思考,根据文章的内容,向自己提出问题,解决问题。

根据默读训练的要求,默读训练可着重从下面三方面进行。

第一,视觉功能的训练。主要是扩大视觉幅度的训练,增加一次辨认的字的数量,同时提高视觉接受文字符号的速度,减少眼停次数和回视次数。

第二,默读理解的训练。主要是要教会学习者如何调动想象、联想、思维和记忆的作用,以提高理解读物的内容深度和速度。

第三,默读习惯的训练。主要是帮助学习者克服不良习惯,如出声读、唇读、喉读、指读、回读等;使学习者养成良好的阅读习惯,如认真、专注、边读边思,边读边记等,良好的阅读习惯,能够提高阅读效率。

3. 精读

精读是逐字逐句深入钻研、咬文嚼字的一种阅读。精读训练的基本要求是要对读物从整体到部分,从部分到整体,从形式到内容,从内容到形式的反复思考深入理解;对于阅读材料中的关键词语或句子,要仔细推敲琢磨,不仅要理解其表层的意义,还要深入领会其言外之意、画外之象;养成边阅读边思考、边阅读边做笔记的习惯,因为只有真正独立思考的主动的阅读活动,才是有效的阅读活动。

为了提高精读训练的有效性,教师在精读训练过程中,要提示精读的步骤和方法,给予适当引导,使学习者逐步练习,直到完全掌握精读技能、形成熟练的技巧与习惯。

精读训练可以有不同的步骤,各有侧重。具有代表性的精读步骤有以下几种。

三步阅读法:认读→理解→鉴赏。

五步阅读法:纵览→发问→阅读→记忆→复习。

六步自读法:认读→辨题→审题→问答→质疑→评析。

在实施阅读训练的过程中,无论哪一个步骤或环节都需要运用良好的、合适的阅读方法才能保证精读的顺利完成。实际上,精读没有固定不变的步骤和方法,每个教师都可以根据自己的经验和学习者的情况提出训练方案,同时要鼓励学习者在实际阅读和训练中,总结出符合个人阅读情况的步骤和方法。

4. 略读

略读是指粗知文本大意的一种阅读,是一种相对于精读而言的阅读方式。略读对文章的阅读理解要求较低,略读的特点是"提纲挈领"。它的优势在于快速捕捉信息,在于发挥人的知觉思维的作用,一般与精读训练总是交叉进行的。

略读训练指导应注意:第一,加强注意力的培养,提高在大量的文字信息中捕捉必要信息的能力,纠正漫不经心的阅读习惯。第二,加强拓宽视觉范围、提高扫视速度的训练。第三,着重训练阅读后,用简练的语句迅速归纳材料的总体内容或概括中心意思的能力。第四,注意教给学习者如何利用书目优选阅读书籍,利用序目了解读物全貌,如何寻找和利用参考书解决疑问,以及略读中如何根据不同文体抓略读要点等。

5. 速读

速读是指在有限的时间里,迅速抓住阅读要点和中心,或按要求捕捉读物中某一内容的一种阅读方式。速读的基本要求是使用默读的方式;扩大视觉范围,目光以词语、句子或行、段为单位移动,改变逐字逐句视读的习惯;高度集中注意力进行阅读的习惯;每读一通都有明确的阅读目标的习惯;减少回读;从顺次阅读进入跳读。

速读方法的训练主要有:一是提问法,读前报出问题,限时阅读后,按问题检查效果;二是记要法,边读边记中心句、内容要点或主要人物和事件等,读后写出提要;三是跳读法,速读中迅速跳过已知的或次要的部分,迅速选取与阅读目的相符的内容,着重阅读未知的、主要的或有疑问的地方;四是猜读法,即根据上文猜测下文的意思,或根据下文猜上文的意思,能迅速猜测出意思的,就不必刻意去读。当然,速读训练应注意根据学习者的阅读基础和读物的难度来规定速度的要求。

(四)构建阅读文化图式法

1. 读前文化导入——激活图式

(1)头脑风暴法

在英语阅读中,头脑风暴法常被用于导入环节之中。学生通过这一方法可以展开丰富的联想;从而刺激头脑中形成新的图式。因此,教师在文化导入过程中要考虑话题的需要,为学生创设合理的头脑风暴,让学生更好地融入课堂之中。

例如,在讲解与音乐相关的内容时,教师可以对音乐类型进行头脑风暴,从而让学生们想象到 Rap、Folk music 等类型。在这些音乐中,也可以让学生对比中西方音乐的不同,从而吸引学生学习的兴趣和积极性。

(2)预测与讨论

在阅读之前运用图式理论时,教师应该发挥学生推理的能力。学生通过对文本材料进行解读与推理,从而刺激自身的图式。例如,还是以音乐为例,教师在讲述门基乐队成立的情况时,可以提出"5W",从而帮助学生更好地预测文本信息,之后鼓励学生通过讨论预测具体的文本内容。

（3）运用多媒体资料

在文化导入阶段,教师应该善于运用多媒体资料,从而让学生更好地体验文化教学的特色。通过多媒体,学生可以更直观地感受语言知识,了解中西方语言文化的差异,刺激学生的图式,让学生在激活自身图式的基础上进行下一步内容图式的拓展。

2. 读中文化渗透——深化图式

在这一阶段,教师可以进行文化知识的渗透,进一步丰富学生的内容图式,从而让学生更好地展开阅读。在阅读教学中,教师采用扫描、略读等策略帮助学生构建灵活的图式,促进学生激发头脑中与之相关的图式,从而便于学生更好地理解文章。在细读阶段,教师要帮助学生挖掘与语篇相关的文化内涵,扫除他们在正式阅读中的障碍。

首先,可以通过略读和扫描法,让学生大致了解文章的大意,从而获得文章的总体信息与思路,这是帮助学生建构相关内容图式的有效路径。扫描法是学生根据教师的指令,能够在文章中找到特定的信息。

其次,可以通过细读,根据上下文,让学生明确每一个单词的含义,尤其是那些具有文化内涵的词汇,从而丰富学生的内容图式。

3. 读后文化拓展——巩固图式

在这一阶段,主要是充分发挥学生头脑中的记忆功能。一般来说,读后的文化拓展的方法主要有如下几种。

第一种是辩论。教师可以针对文本材料中的相关内容,选取一些视角来展开辩论,让学生在辩论中对与文本相关的内容图式加以巩固。同时,通过辩论,学生可以更好地理解文本的文化内涵与文化背景知识。

第二种是角色扮演。学生通过学习与文本相关的文化知识,从而丰富自身的文化内容。然后,学生带着角色有目的地重新阅读文本,教师引导学生对文本进行改变或者情景模拟,从而激发学生学习的兴趣和积极性,提高他们在真实语境下对文本综合运用的能力。

第三种是总结性写作。这一方式有助于学生加深对文本的理解,让学生将文化知识从短时记忆转向长时记忆。

第四种是课外阅读。除了课后巩固之外,教师还应该鼓励学生展开课外阅读。通过大量的课外阅读,可以提高学生学习的自主性,还能在阅读中不断丰富自身的内容图式。

(五)信息技术辅助法

1. 发挥网络互动优势,激发学生的学习兴趣

教师可以利用信息技术为学生的英语阅读创建一个平台,让学生充分参与其中,利用这一平台来扩展自己的阅读能力。利用信息技术,教师可以为学生准备阅读的丰富资料,实现阅读资源共享。在教学过程中,教师可以依据教材中的内容为学生建立一个网络阅读资料库,将教材中阅读的重点、难点都上传到网络上,同时为学生补充适当的课外知识,以拓宽学生的阅读视野。此外,为了避免学生在阅读学习中出现乏味情绪,教师还可以在学生阅读的资料中添加一些图片、视频、漫画、音乐等,在材料的格式、设计上也可以体现自己的特点,让学生爱上英语阅读。

2. 科学合理地选择阅读材料

显然,学生阅读能力的提高离不开大量的练习,换言之,英语阅读是一门技巧训练的课程,需要花费大量的时间进行阅读训练。因此,这就要求教师为学生准备科学的阅读材料。在信息技术的帮助下,教师可以为学生找到一些贴近课堂教学内容的阅读材料。在开始上课之前,教师可以为学生布置一些阅读要点,让学生自己上网搜索浏览,这可以在一定程度上培养大学生的查询以及获取信息的能力。随后,教师将自己所准备的阅读材料发给学生,让学生通过小组的形式阅读与交

流,并分享心得。等到课堂结束的时候,教师可以安排学生对这次阅读活动进行总结,每一位学生都要写出总结报告,然后教师对学生的报告给予口头评价。

3. 科学地进行评估与分类指导

教师除了利用信息技术在课堂上授课之外,还可以利用信息技术对学生的学习成果进行评估。在设计一套合理教学评估方案之前,教师可以利用网络技术搜索与阅读相关的评价理论或内容,进而结合自身所教授的阅读材料中的生词、语法、词汇量、句法等知识来设计评估内容,如此获取的评估结果将可以充分了解学生的阅读水平。同时,教师可以对学生的评估结果进行线上统计,对学生阅读的时间、阅读的效率进行充分的了解。

第二节　跨文化视域下的英语写作教学

一、写作

在英语中,"writing"这一单词对应的含义是"写作",该词所表达的写作含义不仅可以表示写作的结果,还可以表示写作的具体过程。如果人们认为一篇文章写得比较出彩,那不仅意味着作者创造出了漂亮的文章,也意味着作者所创造的写作过程是非常完美的。对于写作者而言,写作过程的好坏将对写作结果带来直接的影响。关于写作的界定,中外学者都在自己研究的基础上提出了一些看法,下面来介绍一些比较典型且常见的看法。

写作是写作者利用书面语言来表达自身思想、与他人交流信息的过程集合,这一集合中需要写作者运用多方面的知识与技能,还需要对意义与信息进行加工与传递,所以写作不仅是运用语言的一种手段,也是语言运用的一种目的表现。

二、高校英语写作教学的原则

（一）恰当性原则

英语写作教学的恰当性原则是指写作任务的设计应该恰当。具体来说，写作任务需要具备如下两点特征。

一是能够激发学生思想交流的需求，使学生有内容进行写作。

二是对于学生语言能力提升有帮助，如增加词汇量、学习新句型等。

这两点既是对写作方法的要求，也是对写作任务的设计要求。具体来说，如果教师要想设计出一个好的写作任务，那么就需要与学生的实际相符，让学生有充足的内容与经验来展开写作。同时，还需要符合学生实际的语言能力，这样才能完成写作，将理论知识运用到具体的实践之中。

（二）多样性原则

英语写作教学中需要坚持多样性原则，这一点主要体现在训练方式与表达方式上。

从训练方式上说，教师应该采用多样化的方式，如可以通过扩写、仿写等办法训练学生的写作能力，同时教师应该把握好每一种方法的优缺点，让学生在多种方法下掌握适合自己的方法。

从表达方式上说，教师应该引导学生在写作中运用多种表达方式，这样的写作才是灵活的写作。这不仅可以对学生写作中的问题加以弥补，还可以提升学生的灵活运用技巧。这样写出来的文章才能更引起读者的注意。

（三）科学评价机制原则

教师对学生写作进行评价时，要注重对写作过程而不是结果的评价，建立以学生为中心的评价体系。具体来说，教师首先要了解写作能力的基本评价标准，如标点符号的使用、单词拼写、语法运用、写作内容、表达的逻辑性与创造性等，将这些都纳入评价范畴。其次，教师的评价应以激励为主，尽量采用描述性语言，避免直接批评学生。最后,对于学生习作中存在的问题,教师要帮助学生分析原因,并提出相应的解决方法。总之,教师建立以学生为中心的评价体系,既维护了学生的自尊心,又激发了学生对英语写作的兴趣。

(四)循序渐进原则

1. 语言层面:由低到高

在语言层面,教师可以先让学生进行句子写作方面的练习,然后逐步过渡到段落与篇章的写作。由于课堂教学时间有限,教师可以将对句子的写作训练穿插在其他技能课中,如精读和听说课。此外,教师可以设置组织各种训练活动,如连词组句、补全句子、合并句子、扩充句子等,学生对句子写作逐步熟练后,教师就可以适当增加难度,过渡到篇章写作。

2. 语法结构层面:由易到难

在写作过程中,很多同学都因语法欠佳而无法使用哪怕稍微复杂一点的表达,这样势必会影响输出效果,写作质量也不会太高。因此,学生一定要重视语法学习,掌握基础的语法结构,在此基础上掌握更为复杂的语法结构。具体来说,在写作学习中,学生要先掌握简单句,然后掌握复杂句和并列句;先掌握短句,然后掌握长句;先掌握陈述句,然后掌握疑问句和感叹句。对教师来说,也要坚持循序渐进原则,在语法结构上由易到难,帮助学生巩固基础,进而攻克薄弱环节。

3. 话题层面:由熟到生

学生对于自己熟悉的话题往往更有写作兴趣,写起来也相对容易。因此,教师在写作训练中,可以先从学生熟悉又感兴趣的话题开始,等学生掌握一定的写作技巧后,可以让学生就一些社会热点问题等表达自己的观点,锻炼学生的写作水平。

4. 体裁层面:由简到繁

对学生来说,不同文体其难易程度各不相同。一般来说,记叙文的写作难度较低,其次是说明文,议论文的写作难度最大。因此,在写作体裁方面,学生应从记叙文的写作训练开始,逐步向其他文体过渡。

（五）文化对比原则

受文化背景的影响，英语写作教学中需要坚持文化对比原则，即教师在教学中将中西方文化的差异引入教学之中，从而为学生的写作学习奠定基础。

很多学生到了大学阶段，实际上已经掌握了一定程度的写作能力，但是他们掌握的写作能力大多是中式写作，忽视了英语写作的编码与解码。也就是说，他们的写作大多是将汉语翻译成英语进行写作，导致文章中出现了很多的中式英语文章，这样很难让读者理解。

因此，在英语写作教学中应该坚持文化对比原则，让学生明确中西方语言与文化的差异，写出地道的英语文章。

三、高校英语写作教学中的跨文化因素

（一）话语表述差异对写作教学的影响

英汉思维有着显著的差异，而这种差异对英汉话语表述以及写作也产生着重要的影响作用。具体而言，英语话语表述属于"主语—谓语"结构，汉语话语表述是"话题—说明"结构，受话语表述方式的不同，很多学习常采用汉语话语表述方式来进行英语写作，也就形成了中式英语。针对这种情况，教师在写作教学中应引导学生了解英汉话语表述的差异，锻炼学生的英语思维，避免学生受母语迁移的负面影响，从而使学生写出地道的英语文章。

（二）词汇差异对写作教学的影响

词汇最能反映文化差异，表达相同概念的词汇在不同的文化中会具有不同的联想意义和文化内涵。我国学生在学习英语单词时，只记忆其基本含义，而不了解其内在的文化含义，因此在写作中时常会误用。针对这种情况，在高校英语写作教学中，教师应首先从词汇入手，让学生了解英汉词汇的差异，理解词汇的深层文化含义，改变中式英语，提升写作水平。

（三）语篇差异对写作教学的影响

在语篇方面,英汉语言也有着显著的差异,具体表现为英语语篇结构严谨,注重句子以及段落之间的衔接与连贯,汉语语篇结构则较为松散,句子和段落之间主要靠意义来衔接。由于缺乏对英汉语篇结构差异的了解,很多学生在英语写作过程中常会出现表达跳跃、逻辑不严谨、缺乏连贯性等问题。对此,教师在写作教学中应重点向学生介绍英汉语篇的差异,提高学生的英语写作能力。

四、跨文化视域下高校英语写作教学的方法创新

（一）文化知识积累法

在跨文化转型背景下,英语写作教学应该重视让学生积累丰富的文化知识,摆脱汉语负迁移作用对学生英语写作的影响。在日常的写作中,如果学生遇到困难的句子,他们往往会选择用汉语思维对句子进行组织,导致出现了明显的语言错位,这就是受汉语负迁移作用的影响而导致的。

因此,在英语写作教学中,教师除了对学生的词汇、语法等语言知识进行训练外,还需要训练他们的文化知识,避免学生出现负迁移的现象。同时,教师应该鼓励学生多进行阅读,让他们在阅读中挖掘文化知识,从而对自己的语言进行充实,最终写出一篇得体的文章。

（二）阅读促写法

无论写什么题材或者体裁的文章,要想真正地能够打动读者,就必须要言之有物。如果缺乏文化知识的积淀,那么这样的写作必然是单调与死板的。要想保证顺利展开跨文化交际,不能仅仅在自己的小圈子里说话,而应该从与他人沟通的角度来展开写作。当然,在这之前,学生需要阅读大量的文章,首先充实自己,这样才能有话可写。

因此,在写作教学之前,教师可以让学生读一些相关的资料,通过收集与选择,将这些资料运用到自身的写作之中,提升自身的写作水平,培养自身的归纳与总结

能力,从而写出与众不同的内容。

(三)文化导入法

1. 在语言教学中融入文化教学

在高校英语写作教学中,教师可以融入文化教学,在培养学生语言知识的同时,还可以丰富学生的文化知识,培养学生的文化意识。具体而言,教师在写作教学中可以向学生介绍一些相关的西方风土民情、思维模式、价值观念等背景知识,培养学生的文化敏感性,提高学生的文化素养,为提高学生的写作水平奠定基础。

2. 培养学生的英语思维模式

中国学生的英语写作体现着明显的汉语思维,语言表达也是中式英语,而且重点不突出、结构不严谨等问题十分常见。为了改善这一状况,教师在写作教学中可以有针对性地锻炼学生的英语思维,并引导他们将英语思维运用于写作中,从而解决学生写作中出现的问题,进而改善写作现状,提高写作水平。

3. 开设文化选修课

教师还可以组织开设文化选修课,并鼓励学生积极参加,以扩大学生的视野,丰富学生的文化知识。具体而言,教师可以开展"语言与文化""跨文化交际"等文化选修课,这能扩大学生接触西方文化的途径,培养学生的英语思维和文化意识,而且对学生的英语写作十分有帮助。

(四)写作策略讲授法

1. 自由写作

自由写作(free writing)就像是一个开启思维情感的闸门,是一种头脑风暴(brainstorming)。其主要目的是克服写作的心理压力,激发思维活动和探索主题内容。

（1）寻找写作范围

在进行自由写作时,首先要确定写作范围。将头脑中能想到的内容都写下来,这些内容看似无用,但仔细品读就会发现,这些杂乱甚至毫无联系的句子隐含着自己最为关心的情绪,只是隐藏在思想深处,无法注意到。这样就可以确定一个代表着自己真情实感的写作范围,而且找到最为闪亮的句子或词语,为接下来的写作奠定基础。

(2)寻找写作的材料

在确定写作范围后,就要寻找写作素材。在特定的范围内开展自由写作,尽管这是有所约束的写作,但是还要放松地进行。在停笔之后,通读所写的文字,分门别类地整理这些写作的材料,提炼出文章的基本线索和层次结构。

(3)成文

在两次自由写作的基础上,构建真正属于自己的完整的文章。前两个阶段的自由写作实际把构思过程通过文字语言给外化了,是对构思过程的一种自由解放,在无束缚中发挥出写作主体的创造性和能动性。

2. 模仿写作

这是最常用的写作教学方法,及时采取已有的形式,利用原有的语言材料,学习者可以加上自己的思想进行写作。模仿是学习写作的基本途径,因而看重范文的作用,其结构主要包括仿写、改写、借鉴、博采四个依次递进的层次。

仿写就是按照范文的样子(包括内容)来"依样画葫芦"的训练。其主要有仿写范文一点的点摹法和仿写全篇的全摹法两种形式。

改写是对范文的内容或形式进行某种改动,写出与原作基本一致而又有所不同的新作的训练方式。包括缩写、扩写、续写、变形式改写和变角度改写等几种形式。

借鉴是吸取范文的长处,为我所用,来写出有新意的文章的训练手段。具体方式有貌异心同、词同意不同和意同词不同等三种。

博采是博采百家之义,训练学习者从多篇文章中汲取营养,经过一番咀嚼、消化,然后集中地倾吐出来,写成自己的文章。这样,就已完成了从模仿到创造的过渡任务。

3. 单项作文

这就是我们通常所说的小作文,主要是针对学习者在写作过程中出现的具体环节进行局部或片段训练。比如,学习者的作文普遍存在命题随意或题目不新颖的问题,因此教师就可以进行"让作文题目亮起来"的专门针对题目的训练;再比如,学习者的作文中只是叙述,缺少生动的描写和有深度的议论性语句,教师就可以进行表达方式的综合运用的训练。让学习者将叙述、描写、抒情、议论放在一起做综合训练,或者直接针对作文的立意、命题进行训练,对于提高学习者作文中的文采进行训练,等等。这种训练针对性强,一次作文解决一个问题,目的明确,篇幅短小,易操作,见效快。

（五）语块教学法

如前所述,受负迁移作用的影响,学生习惯用汉语思维来对文章进行组织,这样很容易出现各种错误,如句式单一、语言不通顺等。因此,在跨文化转型背景下,教师可以采用语块教学法来展开写作教学。

根据语块教学法,本族语者之所以能够表达顺畅,是因为他们在脑海中会存储一些各种情境下的语块,而不是某一个词。在发话或者写作中,他们可以调用这些语块,无须进行排列加工。这样的语言输出才更有速度与质量。同样,将这一理论运用到写作教学中就是要求教师应该对学生加强语块训练,让学生脑海中形成整体的语言知识,以语块来组织写作练习,这样写出来的文章才具有整体性与格局性。

（六）信息技术辅助法

1. 倡导学生运用信息技术支持英文写作

教师利用信息技术进行英语写作教学可以打破时空限制,实现写作资源的合理共享,并且充分补充英语教学资源。教师在英语写作教学中融合信息技术,可以让学生在网上搜索相关写作内容,并且对所搜索的内容进行整理与分析,把得出的结论最终应用到自己的写作内容中,顺利完成写作任务。

现代高校大学生都熟悉网络,每天都利用手机上网,对此,教师可以利用网络资源为学生增加写作的机会,充分激发学生对英语写作的兴趣,并在学生进行写作的过程中给予充分指导,形成一种和谐、融洽的交流氛围。

2. 利用计算机文字处理程序辅助高校英语写作,代替原有写作形式

当前,随着计算机技术的快速发展,人们可以利用计算机完成很多工作。在写作练习的过程中,学生也可以利用计算机快捷、方便的特点来完成写作任务,很多计算机中都带有对写作中的标点、大写、小写、拼写等进行检测的功能,那么学生就可以利用这些工具来检测自己所完成作文中的错误并进行改正。

其中,拼写、语法功能可以有效减少学生作文中的拼写、语法错误,编辑功能还可以帮助学生完善段落之间的连接、组织、转移等要求。另外,学生还可以利用添加、剪切、复制等来修改自己的作文。此外,很多计算机还带有词典,学生可以利用这一功能迅速找到自己想要使用的词,或者检查自己所使用词语的正确与否。

计算机文字处理程序的功能一定程度上减少了写作的重复劳动,省下了很多时间,因此学生能够花费更多精力在写作上,增强了他们对写作的兴趣和积极性。

3. 利用社交软件辅助高校英语写作教学,加强师生间、生生间的交流

社交软件可以成为英语教师教授写作课程的助手,帮助教师加强与学生之间的沟通与交流。在写作过程中,学生可以将自己完成的作文通过社交软件发给教师,教师在完成批改之后,再利用社交软件发给学生。学生对于教师批改的作文进行修改与反思,最终形成一篇优秀的作文。此外,教师可以鼓励学生利用社交软件与同学、他人用英语进行交流,尤其是与英语为母语的人进行交流,这可以有效帮助学生提升自身的英语运用能力。经过一段时间沟通,学生可以将自己的交流心得写成作文,其中可以写生活、学习、旅游、家庭、爱好等各个方面的主题作文,从而实现自身英语写作水平的提升。

第三节　跨文化视域下的英语翻译教学

一、翻译的概念

（一）翻译认识的过程,从感悟式到通论式

对翻译的认识过程,经历了感悟式、语文学式、文艺式以及通论式这样一个过程。

语文学式是对翻译的进一步认识,在这一层面上,人们往往通过一些简单的话语表达对翻译的看法,这些看法虽然不能构成系统,但是也存在着一些真理,甚至有些对后世的翻译研究有着深远影响,如严复的"信达雅",至今仍被视为翻译工作的一大重要标准。

翻译可以被视作一种对问题进行解决的活动,因为文学作品中的某一元素可以采用目的语中的某个元素或者某几个元素来处理。之后,由于翻译活动多为文学作品的翻译,因此对于翻译概念的探究主要是从文学层面展开的,因此是文艺式的研究。这类研究强调文学作品的审美特征,并将文学翻译的本质特征揭示出来。文艺式的翻译主要是针对文学这一语体来说的,将那些非文学翻译活动排除在外,所以缺乏概括力。

进入 20 世纪中期,人们认识到无论是文学翻译还是非文学翻译,语言的转换是必需的,因此就语言学角度对翻译进行界定是最具有概括力的,能够将不同的翻译类型揭示出来,也开启了现代意义上的翻译研究,将传统对翻译的界定转向翻译的通论研究,将传统对文学翻译的研究转入翻译专论研究,这就是通论式阶段。从整体上说,通论式翻译研究对于翻译的普适性是非常注重的,因此其概念也更为大众化。

（二）翻译的任务：源语文本的再现

在翻译的定义中经常会出现"意义"一词，其主要包含翻译的客体，即"翻译是什么"。应该说，"意义"相比费奥多罗夫的"所表达出的东西"，更具有术语性，用其解答什么是翻译的问题是翻译学界的一大进步。但是也不得不说，有时候运用"意义"对翻译进行界定会引起某些偏差，因为很多人在理解意义时往往会受到结构主义语言学的影响，认为语言是有着固定的、明确的意义的。但就实际程度来说，语言的意义非常复杂。

（三）翻译的特点

1. 社会性

翻译活动具有社会性，这主要是因为翻译活动对于国与国之间的交流起着巨大的作用。具体来说，表现为如下三点。

首先，翻译的社会性体现在交际性上。翻译能够打开人们的思想和心灵，而交流是人们能够理解的前提与基础，理解则是人们从窄到宽的动力。学者邹振环指出，中国古代的翻译工作虽然不能说是尽善尽美的，但是确实对当时的社会交往起着非常重要的作用，有助于推进社会文化的进步与发展。当然，这种影响分为积极的影响和消极的影响。

其次，翻译的社会性体现在民族精神与国人思维上。对于这一点，可以从鲁迅的翻译经历体现出来。鲁迅的翻译经历了三个重要时期。第一个时期是鲁迅在日本留学的时期，他翻译了法国作家凡尔纳的科幻小说《月界旅行》以及雨果的《随见录》，还编译了两本小说。在这一时期，鲁迅的思想是偏向于弱者的。第二个时期是鲁迅思想的转变时期，从民主主义思想转向共产主义思想。受当时形势的影响，鲁迅翻译了一些《文学与革命》等类似的文章。第三个时期是鲁迅最辉煌的时期，这一时期鲁迅彻底地转变成一名共产主义者，为了革命的需要，鲁迅翻译了一些战争作品。从鲁迅的三个时期可以看出，翻译恰当的文学作品有助于塑造国人的精神与思维，接触到这些思想深远的文学作品使他们奔向革命浪潮之中。

最后,翻译的社会性体现在对社会重大政治活动的影响。例如,对易卜生的《玩偶之家》的翻译,让国人体会到中国妇女应该解放出来,也使得中国社会发生了巨大变化。

2. 文化性

翻译对世界文明的进步与发展作用巨大,而社会的发展与文化有着紧密的关系,因此翻译的社会性中其实也渗透了翻译的文化性。

3. 创造性

翻译具有创造性。传统的翻译理论认为翻译仅仅是两种语言之间的转换,其实不然,因为从翻译的社会性与文化性中可以明显看出翻译的创造性。

首先,从社会角度来说,翻译是为了语言之间的交流,是为了传达思想,而思想是开放的,这一点是翻译创造性的前提和基础。

其次,从文化角度来说,翻译中将文化因素导入,是为了激活翻译中的目的语文化,这实际也是在创造。

最后,从语言角度来说,为了能够传达新事物、新观念,创造是必需的,当然翻译也不例外。

在郭沫若看来,好的翻译就等同于创作,甚至可以超过创作。翻译是一项非常艰苦的工作。在创作过程中,译者需要具备足够的经验,除了要熟悉本国语言,还需要熟悉他国语言,这一难度甚至可以超过创作。因此,翻译是一种艺术,是一种创造性艺术。

茅盾也指出,文学翻译与文学创作有着同等重要的地位。中国近现代社会,实际上是一个充满矛盾的社会,很多人认为翻译等同于临摹,认为译者与创作者是无法比拟的。针对这一问题,茅盾多次进行了批评。

在茅盾看来,翻译的困难与创作是一样的,甚至比创作更难。因为要想翻译好一部作品,首先就需要把握作者的思想,进而找寻作者写作的美妙之处,从而将自己带入到作者的作品中,感受作者笔下的妙处。

二、高校英语翻译教学的原则

（一）题材丰富原则

当今社会迫切需要实用型、综合型的翻译人才。因此,翻译练习的材料应该做到多样化和系统化,这样才能更好地满足社会对翻译人才的需求。教师在教学过程中要遵循题材丰富原则,让学生接触不同的文体,从而进行有针对性的训练。具体来说,翻译的文体应该涵盖各种实用文体,如广告、新闻、法律、影视、科技、文学等。此外,教师需要注意,每一种文体的练习都不是孤立进行的,教师可以将学生翻译中的常见问题进行归纳与总结,如果某类翻译问题在某种文体练习中出现得比较多,那么教师要及时进行解决,帮助学生更顺利地进行翻译训练。

（二）循序渐进原则

翻译能力的提高不可能一蹴而就,而是要经历一个过程。相应地,翻译教学也不能操之过急,应遵循由浅入深、循序渐进的规律,所选的语篇练习也应该是先易后难,逐步帮助学生提高翻译能力。从篇章的内容来看,应该是从学生最熟悉的开始;从题材来看,应该从学生最了解的入手;从原文语言本身来看,应该是从浅显一点的渐渐到难一些的。这样由浅入深,学生们对翻译会越来越有信心,兴趣也会逐渐增强,翻译技能也会相应得到提高。

（三）学以致用原则

学习翻译是为了将来进行交际,所以在翻译教学中教师要遵循学以致用原则,尽可能地为学生创造实践机会,如安排学生到翻译公司参与实际的翻译工作。翻译的好坏最终取决于译文读者的反馈,译作能否被接受要看是否符合客户的需求。这就决定了翻译教学不是封闭的,而是一门实践性很强的课程。因此,学生在正式从事翻译工作之前,进行一定的社会实践锻炼是非常有必要的,这有利于他们在毕业之后快速融入社会环境,更好地投入工作。

三、跨文化视域下高校英语翻译教学的方法创新

（一）翻译策略讲解法

1. 归化策略

归化策略是以目的语为中心，主张用目的语来代替原文中相异于目的语的要素，从而确保译文通俗易懂。在采用归化策略时，译者会以目的语读者为中心，常采用自然流畅的本族语言来进行翻译。这种翻译策略可使译文更加生动地道。例如，"The man is the black sheep of family." 如果直译为 "那人是全家的黑羊。" 会使人非常迷糊，但译为 "害群之马"，其意思便十分明了。

采用归化策略进行翻译，可有效消除不同文化之间的隔阂，尤其是在目的语中找不到与原文相对应的表达时更应采用归化策略。

2. 异化策略

异化策略是指译者不打扰作者，而是让读者向作者靠拢，即译者对原语文化进行保留，并尽量向作者的表达贴近。受不同思维方式与文化背景的影响，不同民族对同一事物的认知存在明显的差异。译者在对具有丰富历史色彩的信息进行翻译时，应尽量保留其文化背景知识，而采用异化法有助于传递原语文化，保留异国情调。

3. 归化与异化互补策略

归化策略与异化策略相互对应，二者均有自己使用的范围。但有时在翻译文本时只采用一种翻译策略是很难译好文本的，还需要将两者互补并用，才能更好地进行翻译。

归化策略和异化策略二者并不矛盾，而是各具优势，相辅相成。这就需要译者在翻译过程中，根据具体语境综合运用这两种翻译策略，从而使译文既保留本民族文化特色，又便于读者理解。

因此在翻译时要同时采用归化和异化策略，才能将原文含义更准确、恰当地表

达出来。

总体而言,随着高校英语教学改革的发展,文化教学开始融入英语教学,成为高校英语教学的一种发展趋势。对此,高校英语阅读、写作和翻译教学都应更新观念,转变视角,站在跨文化交际的视角下来丰富教学内容,优化教学方法,从而培养学生的文化素养,提高学生的语言能力,促使学生成为优秀的跨文化交际者。

（二）翻译技巧介绍法

1. 词汇翻译

（1）确定词汇搭配

由于受历史文化的影响,英汉两种语言都有各自的固定搭配。因此,译者在翻译时应多加注意这些搭配。

（2）弄清词性

英汉语言中很多词汇往往有着不同的词性,即一个词可能是名词也可能是动词。因此,在进行翻译时,译者需要确定该词的词性,然后再选择与之相配的意义。例如,like 作为介词,意思为"像……一样";like 作为名词,意思为"喜好";like 作为形容词,意思为"相似的"。

（3）考虑上下文

上下文之间存在着紧密的关联,这种关联构成了特定的语言环境。正是由于这种特定的语言环境,才能帮助读者判定词义,并且衡量所选择的词义是否准确。事实上,不仅某一个单词需要从上下文进行判定,很多时候一个词组、一句话也需要根据上下文来判定。

（4）分析词义褒贬与语体色彩

词义既包含喜欢、厌恶、憎恨等感情色彩,又包含高雅、通俗、庄严等语体色彩,因此在翻译时需要根据上下文来进行区分,并且将其代表的情感色彩与语体色彩体现出来。

2. 句子翻译

（1）顺序译

顺序译即按照顺序进行翻译。顺序法并不意味着每个词都按照原文的顺序翻译，允许小范围局部的词序变动。顺序法通常适用于英语表达顺序与汉语表达顺序基本一致的情况下。

（2）逆序译

逆序译即逆着原文顺序进行翻译，因此通常从原文后面部分开始翻译。逆序法通常适用于英汉表达顺序存在较大差异甚至完全相反的情况。

3. 修辞翻译

（1）直译法

在英汉两种语言中，明喻、隐喻、拟人、夸张等修辞格是常见的修辞格，对于这些修辞格的翻译，我们可以采用直译的方法，这样才能做到神形的相似。

（2）意译法

由于英语、汉语在思维方式、行为习惯等层面存在着差异性，在修辞格的运用上也会存在一些不同的地方，对于这些修辞格的翻译，我们可以采用意译法进行表达。具体来说，可以采用如下几点技巧。

其一，转换修辞格。所谓转换修辞格，就是译者在进行翻译的时候，需要将一些修辞格转换成另外一种修辞格，这样便于读者理解和把握，同时有助于增强语言表达的感染力。另外，还有一些修辞格在汉语中是不存在的，这时候就不能机械地采用直译的手法，而是采用其他合适的修辞格展开翻译。这一类的修辞格主要有矛盾修辞、头韵等。

矛盾修辞是将意义相反或者看似矛盾的词语进行搭配，从而构成修饰关系，以对事物的复杂性与矛盾性加以强调。虽然读者乍一看可能觉得不合逻辑，但是仔细分析又觉得很有道理。

头韵是指一组词、一句话中的开头音重复出现的词，是英语中常见的修辞形式,用来对语言的节奏感加以增强,对语言的旋律进行美化。现代英语中头韵常常出现在谚语、散文之中。在翻译的过程中,需要根据不同的情况加以选择。

其二,更换比喻形象。不同的民族其比喻形象有着不同的内涵,并且少数事物有着自身特有的典故,因此在对英语修辞格进行翻译时,译者可以更换比喻形象,避免发生偏离。

在中国,兔子是敏捷的动物,但是西方人认为兔子比较胆小,因此在翻译时我们需要了解这一形象,明确英汉文化对兔子的不同认识,从汉语的习惯出发,翻译成"胆小如鼠"更为妥当。

其三,增加用词。在翻译的过程中,我们往往需要从原文的意义与语法考虑,增添一些词或者短语,从而保证与原文的思想相符合。

(三)信息技术辅助法

1.利用多媒体展开翻译课堂教学,增加英语习得

在高校英语翻译教学中,教师可以利用与教材配套的多媒体光盘辅助教学,不过,由于各个学校的多媒体设备资源配置不同,而且教材所配套的光盘往往在内容上缺乏系统性,所以教师需要酌情使用。对此,最好的方法就是教师可以根据教材内容自己动手制作课件,然后利用多媒体播放。多媒体课件的制作过程相对烦琐,需要依据具体的教学过程、教学内容、教学目标、教学媒体等,只有将这众多条件融合在一起,并体现出互动性原则,方能制作出优良的多媒体课件。当然,这样的课件对于学生翻译能力的提升也是大有裨益的,可以使不同层次学生的翻译能力得到不同程度的提升。

为此,在进行翻译教学活动之前,教师可以利用声音、图片、动画等教学辅助手段来刺激学生的学习兴趣,使学生在学习过程中始终保持较好的兴趣,将枯燥的翻译理论变得生动、有趣。针对具体的教学过程,教师在其中不仅要教授学生英汉互译的技巧,还需要补充中西方文化背景知识,让学生对翻译理论形成一定的系统。虽然教师在翻译教学过程中所使用的教学模式相对陈旧,但在内容与形式上与传

统的翻译教学已经大不相同。这种不同主要体现在如下方面。

（1）形式上不再是单调的板书形式，而是以媒体形式呈现，节约了大量时间。

（2）内容上是针对不同层次的学生展开的，在课堂上由教师指导和学生自主选择，这有利于改善课堂教学的氛围。

2. 利用网络培养学生的跨文化意识，教授学生文化翻译策略

在翻译过程中，学生经常会出现误译、错译等问题，其主要可以归结为英汉语言文化背景的较大差异。例如，在西方文化中，得到亲人的帮助后会说"Thank you！"，但在中国家庭，如果夫妻之间用这种方式表达感谢，会显得两人的关系比较疏远。可见，翻译不应仅仅要完成语际转换，还必须充分了解其中涉及的文化内容。因此，在英语翻译教学中，教师应该注意对学生跨文化交际意识的培养，并教授学生一定的文化策略。在这方面，网络这一工具就可以起到很好的辅助作用。教师可以利用电脑与网络为学生播放一些有关西方文化的纪录片、电影等，从而帮助学生充分了解西方文化。

第六章　跨文化视域下的高校英语词汇与语法教学

第一节　跨文化视域下的英语词汇教学

一、高校英语词汇教学的原则

（一）联系文化原则

语言与文化密切相关,很多词汇都蕴含着丰富的文化,而且词汇学习的最终目的是进行跨文化交际,因此联系文化原则应是高校英语词汇教学遵循的一个重要原则。遵循联系文化原则是指,在高校英语词汇教学过程中,词义的讲解、结构的分析都应与文化相联系。充分理解语言文化,有助于加深对词汇的理解,全面掌握词汇的演变规律,有效地运用词汇。

（二）词汇运用原则

学习词汇并非为了单纯记忆词汇,而是为了在交际过程中有效运用词汇,因此在高校英语词汇教学中,教师应遵循词汇运用原则。这一原则是指在教学中教师不仅要讲授词汇知识,还要引导学生对词汇加以运用。具体而言,教师在教学中要设计符合学生学习特点的教学活动,让学生积极地参与教学互动,进而锻炼词汇运用能力。

（三）新潮性原则

在科技迅速发展的大数据时代,大学生们有着开放的思想、新潮的想法,而且无论是学习还是生活,都与信息异常密切。对此,高校英语词汇教学应顺应社会的发展趋势和学生的需求,与时俱进,具有新潮性。教师除了教授教材中的词语,还可以适时传授一些热门新词,如 selfie(自拍)、bestie(闺蜜)等,这样学生就会切实感受到语言的鲜活性和发展性,学习词汇的积极性也会随之提高。

(四)循序渐进原则

任何教学都应循序渐进地进行,也就是遵循循序渐进原则,高校英语词汇教学也不例外。具体而言,在大学词汇教学中遵循这一原则是指教学中在数量和质量平衡的基础上对所教内容逐层加深。基于循序渐进原则,高校英语词汇教学不能仅仅重视学生对词汇数量的掌握,也应重视学生对词汇质量的把握,要做到在增加学生词汇数量的基础上,提升学生对词汇使用的熟练程度。

逐层加深是指高校英语词汇教学应由浅入深、层层递进地进行,因为课堂教学中不可能一次性教授词汇的所有语义,学生也不可能一次性掌握全部知识。总体而言,在高校英语词汇教学中,教师要避免急于求成,应由浅入深地推进教学,让学生一步步加深对单词意义的了解和对单词用法的掌握,进而提升学生的学习效率和英语词汇水平。

(五)情景性原则

词汇教学不应孤立进行,其应做到词不离句、句不离段,设置情景,借助情景教授词汇。学生善于模仿、记忆力好、听觉敏感,所以教师应抓住学生的这些特征,为其创设真实的语言情景。教师应根据教材的内容,努力为学生创设良好的语言环境,让学生在较为真实的语言情景中,积极开展练习活动,坚持听、说、读、写相结合的原则。在情景中教授英语单词,一方面利于学生对词义的理解,加强记忆;另一方面,方便学生将所学单词应用于交际活动中。

(六)重复性原则

遗忘是伴随着记忆而行的,在学生的词汇学习中,不可避免地会产生遗忘问题,每天如果不加以复习和巩固,将很难掌握词汇,对此高校英语词汇教学应遵循回顾拓展原则。这一原则是指在教学中将新旧词汇结合起来,利用已教授过的词汇来教授新的词汇,以便让学生对旧的词汇加以复习,同时有效拓展和掌握新的词汇。

(七)对比性原则

高校英语词汇中的大量词汇均有与其意义对应的词,通过对比、对照等方式将学生容易混淆的词以及内容上联系密切的成对的概念找出来,加强单词的识记。根据神经系统的对称规律,当两种性质不同的语言材料同时出现时,会促进大脑皮层的互相诱导,强化"记忆痕迹",活跃思维活动。

二、高校英语词汇教学中的跨文化因素

(一)词汇空缺层面的影响

1. 地理环境差异

不同民族的人们身处在不同的地理环境,所以在该民族语言中描述地理环境的词汇在其他民族中可能会不存在,也就是存在词汇空缺。

2. 价值观念差异

价值观念深刻地反映着文化,因文化背景的不同,所以不同民族的人们有着不同的价值观念,这在思维方式、语言表达等方面有着显著的体现。受中国传统观念和文化的影响,中国人崇尚礼仪,讲究谦让,在与人交际时常会采用很多谦辞,如"寒舍""鄙人"等。受个人主义价值观的影响,西方人追求自由,讲究平等,在与人交际时常会直接表达,而且富有逻辑,汉语中的一些谦虚表达在英语中并没有相对应的形式。

3. 社会风俗差异

不同的民族有着各自独特的社会风俗,反映在语言上,也会导致这方面的词汇空缺。例如,中国的传统节日,如"除夕""清明""中秋"等在西方国家并没有,与之相对应的一些节日风俗,如"守岁""扫墓""吃月饼"等在西方国家更是没有,这些富有中国特色的习俗在英语中根本没有相对应的表达形式。而西方文化中万

圣节的 trick or treat、感恩节的 turkey 等,以前在汉语中也没有相应的表达。可见,社会风俗差异也会导致词汇空缺现象的产生。

（二）文化缺位与文化错位层面的影响

1. 文化缺位

（1）不理解性

文化缺位的第一大特点就是不理解性。例如,在英语语言中,这种现象是非常常见的现象,且名词数、格、时态等也都是有着深层的意义。这很难被汉语民族理解。

（2）不习惯性

文化缺位的第二大特点就是不习惯性,即两种语言在语法、词汇层面表现的差异。同时,两种语言在引发联想、对事物的区分上存在明显的不同,因此将这种现象又称为"异域性"。其在对事物的认知与表达层面体现得尤为明显。

例如,英语中 aunt 一词是大家熟知的,很多人也知道其既可以代表"阿姨",也可以代表"舅妈""伯母"等。但是,在汉语中,由于中国人等级划分非常鲜明,因此很容易让中国人不理解、不习惯。

（3）陌生性

文化缺位的第三大特点是陌生性,即两种语言在修辞、表达、搭配等层面产生的联想与情感不同。

（4）误读性

当不同文化在摩擦与接触中,文化之间出现误读的情况是非常常见的。也就是说,对于一种文化中的现象,另一种文化中的人们会采用自身的思维对其进行解读,那么很容易出现不确定情况或误读情况。

2. 文化错位

（1）指称错位

每一个民族,其对事物的分类标准都有各自的特征,都习惯用自己熟悉的事物对其他事物进行指称。

指称错位即在不同的文化环境下,同一事物、同一现象在语言上的指称概念存在错位性差异。当然,造成这一错位性差异的因素有很多,如历史差异、第一差异等。这些差异导致有些词汇的表面意义相同,但是实质含义不同;有时指称含义相同,但是表达形式不同;有时表达形式相同,但指称含义不同。

(2)情感错位

所谓情感错位,即在不同的文化背景下,人们对同一事物、同一现象所赋予的情感会存在错位现象。不同民族,其情感倾向可能是不同的,这就有可能造成情感错位。一般来说,情感错位包含如下两点。

一是宏观情感错位。基于哲学的背景,中西方国家对同样的事物的情感倾向会存在明显差异,这就导致价值判断的差异性。中国人往往比较注重共性,比较内敛;相比之下,西方人注重个性,比较直接。因此,在跨文化交际的过程中,会出现宏观情感的错位。

无论是在英语中,还是在汉语中,表达感谢的言语行为是十分常见的,但是所使用的频次与场合却存在明显差异。西方人不仅对同事、上司、陌生人的帮助表达深深的感谢,对那些关系亲密的朋友、亲属也会表达谢意。例如,丈夫给妻子冲一杯咖啡,妻子会表达感谢;儿子给爸爸拿一份报纸,爸爸也会表达感谢等。与之相比,由于中国人的传统观念,下属为上司办事是应尽的义务,因此没必要说感谢,而且家庭成员之间不需要表达感谢,因为在中国人看来,亲属之间表达感谢会让人觉得很见外。

另外,对他人给予的夸奖或者关心,西方人都会表达感谢。

二是微观情感错位。微观情感错位是人们对具体事物的情感倾向的错位。由于中西方文化在很多层面存在差异性,这导致英汉两种语言也各具特色,表达形式纷繁复杂。其中,颜色词、数字词等所蕴含的象征意义就是中西方文化差异的一种明显的表现。

三、跨文化视域下高校英语词汇教学的方法创新

（一）集中培训法

集中培训是在特定的时间内,将词汇学习方法作为课堂教学的中心内容,旨在让学生形成正确的词汇学习观念,获得适当的词汇学习方法。集中培训可以是一次完成,但是最好将时间控制在两周以内,然后在后续的教学中不断提供机会让学生运用词汇方法;也可以是分几次完成,可以根据观念与方法的分类,结合教学安排,在学期的不同阶段抽出专门的时间对学生进行方法培训。具体来讲,可以按照以下几个步骤进行。

1. 制订培训计划

首先制订词汇学习方法培训计划,明确培训目标、训练时间安排、训练内容、训练步骤和具体训练任务。

2. 方法调查

在培训开始之前,通过问卷调查的方式了解学生目前的词汇学习观念和词汇方法的使用情况,以便更有针对性地开展方法培训。

3. 小组研讨

将学生分成若干小组,让学生结合问卷上的内容和自己的学习经验,在小组内介绍与讨论自己词汇学习的观念和常用的词汇学习方法。然后,每个组选一个代表向全班同学汇报各自小组讨论的情况。

4. 修订培训计划

根据问卷调查和学生小组研讨的结果,修订词汇学习方法培训计划。

5. 教师讲解

教师结合学生问卷回答和小组研讨的情况,向学生阐述词汇学习方法的重要性和必要性,示范讲解如何调控和使用词汇学习方法。

6. 小组合作学习

学生们在小组内合作完成教师布置的方法学习任务,练习使用各种词汇学习方法,尤其要注意新的方法。在练习之后,学生们可以一起研讨方法的有效性,对使用方法的情况开展自我评价和同伴评价。教师可以有意识地鼓励学生自己设计词汇学习方法练习活动,从而最大限度地发挥学生的主动性。

7. 实际运用

教师在课堂教学中有意识地引导学生运用所学的方法处理遇到的各种词汇问题,拓展词汇的广度与深度,并逐渐形成适合自己的词汇学习方法系统。

（二）词源分析法

这一方法主要适用于英语词汇中的一些典故词汇。在英语词汇中,有很多词汇是从典故中来的,因此其文化内涵非常丰富,很难从字面上去理解与把握,必须借助词源展开分析。无论对于中国人还是西方人来讲,在口语或者书面语中都会运用一些典故、传说等,因此对于这类词汇的教学是非常重要的。例如,"man Friday"这一词就是源自《鲁滨孙漂流记》,其含义并不是"男人星期五",而是"得力的助手";"an Uncle Tom"这一词汇源自《汤姆叔叔》,其含义并不是"一名汤姆叔叔",而是指逆来顺受,宁愿承受侮辱也不反抗的人。

（三）讲授文化知识法

在词汇教学中,教师可以采用教授法开展文化教学,即教师直接向学生展示文化承载词的分类及内涵等,同时通过图像声音结合的方式列举生动的例子加以说明,直观地培养学生对文化的兴趣。只有熟悉了英语文化,才能让学生透彻地了解英语词汇。学习语言时不能只是单纯地学习语音、词汇和语法,还要接触和探索这种语言背后的文化,在语言和文化的双重作用下,才能真正掌握英语这门语言。采用直接讲授法讲授文化,既省事又有效率。而且这些文化不受时空的限制,方便学生查找和自学。

（四）创设文化情境法

语言只有在语境中才能焕发生机与活力，单独去看某个词语很难在其中发现个中韵味，但是一经组合和运用，语言便有了生命力。因此，教师应创设信息丰富的环境，为学生提供真实的语言环境和大量的语言输入，使学生在逼真的语境中学习英语，给学生提供学习和运用词汇的机会。教师可以设计一些活动，例如可以组织学生观看电影，然后指导学生进行角色扮演，让学生经历真实的跨文化交际情景，培养学生的跨文化交际能力。

除组织跨文化交际活动外，教师还可以组织一些课外活动，让学生切实感受英语文化，扩大学生的词汇文化资源，培养学生的跨文化交际能力。

（五）词汇知识扩充法

1. 推荐阅读

教师可以向学生推荐一些课外读本，如《英语学习文化背景》《英美概况》等，让学生利用课余时间进行阅读。通过阅读英语名著，学生不仅能充分了解西方文化背景知识，扩大文化视野，还能积累丰富的词汇，了解词汇的运用背景以及词汇的文化含义，更能培养学生良好的自主学习习惯，促使学生终身学习。可见，阅读英语书籍对学生的词汇学习而言是非常有意义的。

因此，阅读不仅能培养学生的自主学习能力，还能丰富学生的文化知识，扩充学生的词汇量。

2. 观看英语电影

现在的大学生对于英语电影有着浓厚的兴趣，对此教师可以借助英语电影来提高学生的词汇能力。具体而言，教师可以选取一些蕴含浓厚英美文化，并且语言地道、通俗的电影让学生观看。这样学生可以在欣赏影片的过程中，切实感受英美文化，提高文化素质和词汇能力，同时提升学习词汇的兴趣。

（六）运用语料库辅助法

1. 使学生在语境中掌握词汇具体用法

在词汇学习中,将其放在具体语境中,往往能起到事半功倍的效果。在英语语料库中,有大量和语境相关的实例,具体的实例主要是通过数据的方式呈现在学生面前。在语境中,学生的注意力能够被有效吸引,使学习的词汇知识得到强化,同时也能对相关使用规律进行总结。在语料库中,学生能了解使用频率较高的一些词汇,加强对词汇具体结构的了解,深化对语言现象的认识,实现对出现频率较高的单词的巩固与理解。例如,就"outline"这个单词来讲,在教材中只是标注其主要意思是概要、轮廓、外形的意思,而在实际教学中,教师可以在语料库中进行检索。通过检索的方式不仅能够了解具体的用法,还能了解相应的使用频率。进而让学生认识到这个词不仅能够当作名词使用,也能当作动词使用。而在实际教学中,教师可以用演示的方式实施,进而使学生了解主要使用方式,让他们的自主学习能力得到加强。

2. 对近义词以及同义词进行检索

由于英语是一门非母语学科,因此学生在学习近义词的过程中存在较大难度。而语料库在高校英语词汇教学中的使用,能够使学生在检索过程中,获得相应的参考,然后在此基础之上进行大量的细致分析。

3. 在检索过程中了解不同词汇搭配

"词汇搭配"的概念提出已久,并且随着社会的不断发展,其受重视的程度也越来越高,词语搭配考查了词的语义,也考查了相应的语法结构以及框架。有相关学者认为,词的搭配、语义选择、语义韵以及类连接之间存在紧密联系,它们实现了对词汇组合以及词义的表达,而比较普遍的则是动词与名词之间的搭配。

4. 进行词汇的复习与巩固

英语语料库在英语词汇教学中的使用,除了能够为学生构建情境,了解近义词、同义词的相关知识,认识词汇搭配,教师也可以利用这种方式,帮助学生进行词汇的巩固。在巩固过程中,练习的方式可以是填空题、选择题,也可以是匹配题。在实际教学时,教师可以将检索出来的内容进行隐藏,然后让学生根据上下文进行猜测与分析,并且在教师挡住的部分,填入适当的内容。而在选择语料库时,教师需要以不同的学习内容为依据进行选择。

在语料库中,学生可以实现对学习词汇内容的拓展,英语语料库中有大量的内容,能够成为学生在学习中的素材,学生可以根据自己的实际学习能力和情况进行选择,学习的范围便不仅局限在教材中,进而使学生学习到的知识能够有更强的实用性,实现对英语词汇的有效巩固。同时,这种方式的使用在一定程度上响应国家号召,加强了对互联网技术的使用,促进了对学生学习能力的培养,使学生在实际学习中能逐渐形成良好的学习习惯,实现英语综合学习水平的提升。

第二节 跨文化视域下的英语语法教学

一、高校英语语法教学的原则

(一)以学生为中心原则

新课程教学理念提倡以学生为中心开展教学,即教学活动要以学生为主体,紧紧围绕学生来开展。这一教学理念也适用于高校英语语法教学。在高校英语教学中,教师应更新教学理念,认识到学生的主体地位,将学生放在教学的中心位置,有效激发学生的学习兴趣,鼓励学生积极参与教学活动,引导学生自主发展、学习和掌握语法规律,培养学生的语法能力。

(二)综合性原则

综合性原则是指高校英语语法教学要采取恰当的教学方式,具体体现在以下几个方面。

1. 归纳教学和演绎教学相结合

这两种教学方式各有所长，教师在语法教学中要根据具体的内容，将二者有机结合，以归纳为主，演绎为辅。

2. 隐性教学与显性教学相结合

隐性语法教学在教学中避免直接谈论所学的语法规则，主要通过情景让学生体验语言，通过对语言的交际性运用归纳出语法规则。显性语法教学侧重在教学中直接谈论语法规则，语法教学目的直接、明显。根据小学生的生理、心理特点，教师应尽可能避免机械、反复的语法识记和操练，应注重让学生在一个有意义的情景中感知、理解所教语法项目；然后为学生创设生动有趣的情景，让学生在交际活动中模仿、操练、巩固语法知识；最后，在学生理解并会运用的基础上，教师帮助学生总结归纳语法规则。语法教学应以隐性教学为主，适当采用显性教学，这样能激发学生学习语法兴趣，帮助学生增强语法意识，培养其语言使用能力。

3. 寓语法教学于听、说、读、写教学之中

学生的听、说、读、写四大基本技能的培养离不开语法，语法是为这些技能服务的。所以教师要把语法教学贯穿在听、说、读、写教学之中，使语法真正服务于交际。

（三）实践性原则

传统的高校英语语法教学只重视知识传授，不重视技能培养，忽视语法的交际功能。在《高校英语教学指南》中则注重学生能力的培养。教师要明确英语语法教学只是培养语言实践能力的桥梁，其目的是更好地培养学生听、说、读、写语言实践能力，进而实现用英语进行交际。因此，语法教学必须突出其实践性原则。

行为主义学习理论认为，外语学习基本上是一个形成习惯的过程。其他流派也从不同角度提出了练习在培养言语能力中的作用。高校英语语法主要出现在单词、句型、文章中，教师在语法教学中必须以多种方式对语言知识进行实践练习，根据具体情况适当点拨，让学生在精读多练的基础上，熟练掌握语法知识，形成语感，

从而建立一套新的语言习惯。

（四）交际性原则

在高校英语语法教学中,教师应遵循交际性原则,即恰当地运用多媒体设计课堂教学,创设合理的语言交际环境,使语言交际环境符合实际环境,从而帮助学生更好地掌握语法知识,提升交际能力。提高学生成绩并不是语法教学的最终目的,语法知识的使用才是语法教学的本质,所以语法教学应结合实际生活,培养学生的语法思维,提升学生的听说读写能力,提高学生的语言交际能力。

（五）文化关联原则

语法作为语言的内部规律,与文化有着密切的联系,即蕴含和反映着丰富的文化信息。对此,在高校英语语法教学中,教师应重视文化因素对学生语法学习的影响,并有意识地进行文化教学,创设英语语言环境,从而丰富学生的文化知识,切实提高学生的语法能力和语言交际能力。

二、高校英语语法教学中的跨文化因素

（一）思维模式层面的影响

不同的民族,其思维模式也不相同,这种差异也会在语言中有所体现。英汉民族的思维方式在语法上体现为英汉语法差异,具体表现是英语是形合语言,汉语是意合语言。

形合又称"显性",是指借助语言形式,主要包括词汇手段和形态手段,实现词语或句子的连接。意合又称"隐性",是指不借助语言形式,而借助词语或句子所含意义的逻辑联系来实现语篇内部的连接。形合注重语言形式上的对应,意合注重行为意义上的连贯。形合和意合是使用于各种语言的连接手段,但因语言的性质不同,所选用的方式也就不同。英语属于形合语言,其有着丰富的形态变化,语法规则众多,力求用内涵比较丰富的语法范畴来概括一定的语法意义,对句法形式要求严格。

英语句子多使用外显的组合手段,因此句子中的语法关系清晰有序。但汉语句子多用隐性的手段,语法关系并不那么清晰,而是十分模糊,如"知己知彼,百战不殆;不知己而知彼,一胜一负;不知己不知彼,每战必殆。"这句古汉语就足以体现了汉语意合的特点。汉语属于语义型语言,受传统哲学和美学思想的影响,形成了注重隐含关系、内在关系、模糊关系的语言结构特点。所以,汉语主要靠词序和语义关系来表现句法关系,并不刻意强求语法形式的完整,只求达意即可。

具体而言,受思维模式的影响,英汉语法之间的差异体现在以下几个方面。

第一,汉语句子注重达意,英语句子注重形式上的联系。例如,"已经晚了,我们回去吧。"这句话用英语表达是"Let's go home, as it is late.",英语为符合表达习惯,添加了相应的连接词。

第二,英语主要借助词形的变化来组句,汉语则主要借助词序和词在句中的作用及句子的意思来组句。

第三,英语倒装句多,汉语相对较少。为了表示强调,英语句子常将助动词放在主语前面,或者是没有助动词的情况下,在主语前面加 do、does 或 did,形成倒装句。汉语表示强调就相对简单,有时会将宾语提前,一般是不改变词序增加某些具有强调意义的词。

总体来讲,受思维模式的差异反映了汉文化的综合整体与英文化的分析细节的思维方式的不同。在具体的高校英语语法教学中,教师应引导学生充分了解文化差异对语法的影响,同时向学生输入相关的文化因素,使学生切实了解英汉语法的异同,进而提高学生的语法能力。

(二)语序因素层面的影响

语序指的就是词在短语或者句子中线性的排列顺序。语法语序就是表现语法关系的语序。例如,汉英都有并列式的合成词,尽管并列式都是由同等成分构成的,但是仍然存在较大差别。英语叙述说明事物时,习惯于从小到大,从特殊到一般,从个体到整体,先低级再高级;汉语叙述说明事物的顺序则是从大到小,从一般到特殊,从整体到个体。此外,英汉语言中出现多个定语和多个状语时,定语和状语的排列顺序也是有差别的,这些实际上都源于文化的差异。因此,在高校英语语法教学中,教师应注重培养学生的文化素养,进而提高学生语法运用的能力。

三、跨文化视域下高校英语语法教学的方法创新

（一）文化对比法

文化对于语法教学影响深远,因此教师可以采用文化对比的方法来展开教学,让学生不断对英汉语法的差异有所熟悉,培养他们的跨文化交际意识与能力。

众所周知,我国学生是在母语环境下来学习英语的,因此不知不觉地会形成母语思维方式,这对于英语学习而言是非常不利的,甚至在组织语言时也掺加了汉语的成分。基于这样的情境,英语教师就需要从学生的学习规律出发来展开对比教学,使学生不断认识到英汉语法的差异,这样便能在发挥汉语学习正迁移的前提下,使学生掌握具体的英语语法知识。

（二）三维教学法

在具体教学过程中,英语教师都倾向于两种教学方法,一种是注重语言形式或语言分析的教学方法,另一种是注重语言运用的教学方法。这两种方法各有侧重,但实践证明,将两种方法结合起来才会更加有效。从交际角度而言,语法不仅是各种形式的集合,语法结构也不只有句法的形式,也可以运用具体的语言环境来表达语义,可以将这三个方面表述为形式、意义和用法。美国语法专家拉森·弗里曼提出了基于 From、Meaning、Using 三个维度上的三维教学法,将语言的形式意义和用法有机结合起来。

三维教学法的实施包含五个步骤:热身运动、发现语法、学习形式、理解意义、应用语法。

一是热身运动是对上一课堂要点的复习,然后通过一些参与性活动,如听歌、表演、竞赛等形式,让学生对新的内容有所了解,调动学生的背景知识,激发学生的

求知欲望。

二是发现语法是指学生通过教师讲解和引导,再感知和发现语法现象。

三是学习形式是指学生在发现语法的基础上,以语法结构的形式总结出语法规则。在课堂教学中,这部分内容表现为回归课文阅读文章,通过阅读文章找出类似的形式和结构。这一阶段过后,学生能够为下一步理解、操练规则做好准备。

四是理解意义是指设计以意义理解为主的活动,从而促进学生对语法项目的理解,为语法的应用奠定基础。

五是应用语法是指教师为帮助学生掌握语法规则、提高其语法应用能力所设计的语篇意识强、交际性好,能够促进思维发展的活动或任务。

在具体的教学过程中,教师可以根据具体的教学情况对上述几个步骤进行调整。

(三)创设文化语境法

1. 融入音乐,创设情境

青少年通常对音乐有着强烈的兴趣,因此在语法教学中,教师可将音乐与语法教学相融合,营造轻松愉悦的气氛,在聆听中学,在欢唱中学。例如,在讲授现在进行时这一语法时,教师可以让学生先欣赏歌曲,并让学生持有该曲的歌词,然后找出歌词中含有现在进行时的句子。这样既能激发学生的学习兴趣,分散学习的难点,又能使学生在不知不觉中学到知识。

2. 角色扮演,感受情境

在高校英语语法课堂教学中,教师还可以组织学生进行角色扮演,让学生身临其境地学习语法知识。学生可以通过自己扮演的角色,体验相应情境下人物的言行举止、思想情感,深化所学知识,提高自身的人文素养。

3. 运用媒体,展示情境

在语法课堂教学中,有些教学情境因条件的限制而无法创设,但随着多媒体技术的发展及其在教学中的运用,这一缺陷被弥补了。多媒体教学素材丰富多样,包含图像、图形、文本、动画以及声音等,这些将对话的时空体现得生动和形象,图像和文字都得到了充分的体现,课堂氛围不再沉闷死板,学生的感官得到了调动,印象得到了提升。从而使学生参与课堂教学的积极性得到了提高,教学和学习效率也得到了显著的提升。

4. 设计游戏,领悟情境

设置符合学生心理和生理特征的语法教学游戏,可以激发学生的学习积极性,让学生积极参与其中。而且生动活泼的游戏可以调动学生的多种感官,使学生原本觉得困难的语法结构也变得简单许多,从而让学生在潜移默化中掌握语法知识。

(四)翻转课堂语法教学法

1. 提升微课制作水平,借鉴网络教育资源

相较于传统的语法教学模式,翻转课堂最大的特点在于以视频微课代替了"黑板 + 粉笔"的教学方式。但对于已经习惯了传统教学模式的英语教师来说,他们很难在短时间内适应视频微课这种形式。因此,教师首先要熟练掌握微课的制作技术,灵活运用各种制作软件;其次,要重视视频微课内容的整合与加工,在内容选择上要选择课本语法知识,并借鉴网络上优质的教育资源制作短小精致、内容丰富的数字化课程资源。

2. 拓宽师生互动渠道,确保语法教学效果

制作视频微课是翻转课堂语法教学的前提,后期的检查、实施和监督是更加重要的部分,因此师生之间应保持多维互动。首先,教师要指导学生观看视频微课,并对学生的学习内容和时间进行计划,把握学生学习的进度;其次,教师要利用社交软件建立社交群,加强与学生线上线下的互动,对学生在自主学习中遇到的问题及时进行解答,促进师生和生生之间的讨论,实现学生对英语语法知识的消化和吸收。

3. 关注语法难点,提升教师答疑解惑的能力

基于翻转课堂,教师将制作好的视频微课上传到网络平台,学生自行下载,并

在固定时间内完成自主学习,而对于遇到的语法知识难点,除了学习小组讨论外,更多由教师在课堂上统一解答或个别辅导。对此,英语教师应不断充实自身的语法知识储备,提升自己的语法能力,从而更好地解答学生的疑难问题。

4. 开展差异化教学辅导,促进学生自主学习

在翻转课堂教学模式下,教师要更新教学理念,改变传统的教学模式,主动融入和参与学生学习的各个环节,成为学生学习的指导者和监督者。不同学生之间存在着巨大的差异,有着不同的基础水平和认知结构,因此教师需要采用不同的辅导方式来对不同层次的学生加以辅导,特别是对那些自律性不强的学生,更要采取有效方式来加以辅导,以促进他们进行自主学习。

5. 重视教学评价,建立激励机制

翻转课堂语法教学重在学生的自主学习,为了掌握学生自主学习的频率以及参与程度,确保翻转课堂教学的效果,因此对学生进行考核评价就显得十分必要。而且这种考核要贯穿于课堂教学的全过程,并且评价形式要多样化,包括学生自我评价、小组评价、教师评价等多种考核评价形式。这种全方位的考核评价机制有利于教师掌握学生对语法教学的参与度和配合度,便于教师了解学生对语法知识的掌握程度,还对学生有着正向的激励作用。

总体而言,在文化全球化时代背景下,英语词汇和语法教学应紧跟社会和教学改革发展的趋势,结合文化开展教学,即在教授词汇和语法知识的同时,融入英语文化知识,进而培养学生的文化素养,提高学生的综合能力以及运用词汇和语法知识进行跨文化交际的能力。与此同时,教师要持有客观的态度,在教学时不能一味地只导入英语文化,还应适当地传授汉语文化知识,从而来帮助学生树立文化自信,使学生运用所学知识来更好地传播中国文化。

第七章　跨文化交际中的英语文化教学

第一节　跨文化交际中英语文化教学的
主要原则与基本策略

一、原则

通常情况下我们认为,英语教学里面的文化教学主要构成如下。

一是以造就学生的跨文化交际方面的能力为关键任务。

二是以英语这门语言里的文化方面相关因素(如文化产品、文化习俗)为主要内容。

以此为基础我们认为,跨文化英语文化教学是英语教学的一种,并且其应具备以下几个方面的原则。

(一)以学生为中心、教师为主导

一般来看,以往的文化教学基本上是以教师为主的(教师引导学生学习,并进行知识传授),学生单单只是被动地接受教师所传授的相关知识。

跨文化英语文化教学要以学生为中心,在教师主要起主导作用的基础上,把文化教学从"教"文化转化为"学"文化,让学生在学习过程中能增进文化理解力和跨文化交际能力。

跨文化英语文化教学里面,以学生为中心的具体内容如下。

1. 学习的内容要充分以学生的需求、爱好为核心

例如,教师可在学期初对学生做需求调查,调查的主要目的是对学生喜爱的文

化话题进行了解,对学生所存在的文化教学期待进行了解。

2. 让学生最大限度地融入学习过程,使其扮演好文化学习主体的角色

例如,可以让学生与学生之间进行讨论、小组与小组之间展开案例分析、角色扮演等。

另外,以学生为中心可不是说教师就没用了。教师一方面不再仅扮演文化知识传播者角色,另一方面向扮演多角色转变。

同时,在学习的过程中,教师主要扮演的角色有以下几个不同的点。

(1)文化方面进行教学设计的人。

(2)文化知识方面具有咨询功能的人。

(3)让探讨文化的价值有机会展现的人。

(4)让不同文化行为有机会得到训练的人。

(5)有机会改变文化态度的推动者。

(6)跨文化交际的中介者。

(二)认知学习和体验学习相结合

通常情况下我们认为,跨文化交际能力方面的养成锻炼需要将认知和体验联系起来。

认知学习的方法更适合客观文化内容的教学,而体验型学习的方法更适合主观文化和语言(这里指英语)中文化因素的学习。

(三)跨文化英语文化教学和跨文化英语语言教学相结合

一般来看,跨文化英语语言教学和跨文化英语文化教学相结合能够经由以下方式完成。

首先,可以把英语方面的相关文化因素当作跨文化英语语言教学的内容,如英文词汇含义、英语成语典故、英文语法等,这些既是跨文化英语语言教学的内容,也是跨文化英语文化教学的内容。所以,在讲解语言知识的过程中同样要注意到其中包含的文化因素。

其次,可以把文化当作话题来探究,如旅游、饮食、家庭、教育、就业等都能够是跨文化英语语言课堂的话题,在学习和讨论这些文化主题的过程中能够对学生的英文听说读写方面的相关能力进行一定的训练,提高他们对英语文化现象进行描述、对英语文化特征进行阐释、对英语国家文化价值观等方面提出相关看法的能力。

(四)文化的显性因素和隐性因素相结合

文化教学的内容部分为显性的(如文化方面的相关产品、文化方面的相关制度、文化方面的相关行为),部分为隐性的(如价值理念、思维模式等)。而文化的显性因素和隐性因素往往也是相互影响,相互包容的。

传统的英语文化教学往往单单对文化的显性比较了解和关注,但忽略掉了对文化的隐性的探索。但确实可以说,隐性文化方面的相关因素和跨文化交际能力的关系最为"要好"。所以,只有我们充分认识到英语文化产品、习俗和观念之间的关系,才能更好认识英语文化的本质特征。

另外,如果我们在英语文化教学中单单讲解英语文化现象,单单介绍可见的英语文化方面的相关行为、习俗,而没有解释其文化产生原因,那么学生很容易产生刻板印象,还可能出现"英语文化很奇怪"的想法。

所以,在跨文化英语文化教学中,我们应该把英语文化产品、英语文化行为习俗、思维理念的教学结合起来。

(五)文化教学内容和学生的语言水平相适应

在英语教学的文化教学中,学生的语言水平是制约文化学习过程和结果的核心因素之一。为了体现英语语言教学和英语文化教学的联系,需要让英语文化教学的内容和方法和英语文化教学对象的语言水平相适应。

文化教学的内容应遵循从具体到抽象、从简单到复杂、循环往复、螺旋上升的原则。

在英语学习的初级层次,学生所知道和能熟练使用的表达方法不多,听说读写方面的相关水平和技能都比较低,英语文化教学的内容需要集中于日常生活相关方面,如很容易的言语行为标准、基本的社交礼仪和习俗等。

在英语学习的中级层次,学生语言水平的增进,能够增加对客观文化知识的学习,如介绍体现英语文化特征的建筑、历史人物等。

在高级层次,应把重点放在相对来说不易把握但很重要的文化观念和态度方面,应该在这些方面进行深入学习和探究。我们需注意,文化是各种各样的,同一个文化主题往往有不同侧面,而在各种的语言层次、文化的话题或内容能够重复出现。所以,随着学生英语水平的提高,要降低英语文化内容的单一特征,提高对英语文化内容复杂性的把握。

英语文化教学的手段也要和学习者的英语水平相匹配:英语教学方面的相关活动要从容易渐渐地过渡到困难;要从"单一"过渡到"多样";英语表达要体现从单句到复句再到成段成篇表达的变化。

1. 初级层次

使用相关角色扮演、提问等较为容易的手段,让学生用基础的句式和基本词语开展文化方面的相关行为。

2. 中级层次

适当进行情景模拟、对话分析等手段,引导学生用比较长的复句来描述文化方面的相关现象。

3. 高级层次

使用文学阅读、演讲展示等手段,引导学生用更复杂的语段表达来探究各种文化话题。

二、策略

(一)教学策略

1. 教学前策略

与备课有关,常常被人们认为是一项系统工程。

一般来看,教学方面的相关活动在真正开始之前,得有一定的前期规划,规划内容包括教学任务和完成教学任务所需采用的策略。

策略的具体内容如下。

（1）定好教学任务

教学任务的选择和确定对备课的相关活动（如确定备课重点、确定授课内容等）能够起到帮助。

（2）合理选择教学内容及教学材料

在备课层次,教师需要在课时以及该单元的教学任务的基础上对教学内容进行合理增减。

（3）对教学组织形式进行提前规划,对教学行为提前进行设计

教师需根据教学任务及教学内容来合理设计教学组织形式。一般的教学组织形式包括以下几个方面的内容。

①学生分组并进行小组讨论的形式。

②教师直接讲授的形式。

③学生自主学习的形式。

（4）教学行为的确定要在教学内容、教学任务的基础上进行,同时要对学生的认知水平等进行了解

一般的教学行为包括以下几方面的内容。

①主要教学行为。

②辅助性教学行为。

③课堂管理行为。

（5）合理设置教学活动策略

多样的教学活动是带动课堂气氛、活跃学生思维的核心要点。因此,教学也应该对活动的多样性进行关注。

2. 教学中策略

这与教学活动、课后辅导有关。一般来说,教学活动从教学开始到教学结束,其活动内容基本上由教学任务和想要达到的目的来确定,所以,教学活动的好坏可以说是由教学任务的完成情况和教学目的的达成情况决定的。

所以,教学活动的进行需要以备课层次所准备的策略为基础展开,具体内容如下。

(1)导入策略

课程导入到底有没有成功,对学生的学习方面的相关兴趣和效果会产生影响。教学课程导入的策略包括以下几个方面的内容。

①课文相关知识导入。

②课文相关问题导入。

③课文相关内容导入。

(2)讲解策略

讲解是教学的不可或缺的构成要素之一,讲解的策略往往依赖于讲解内容。课文的讲解往往会涵盖两个方面:一是结构的讲解和相关知识的讲解,二是教师需要在教学任务的基础上确定讲解重点和策略。

(3)练习策略

教学最终想要达到的目的是让学生能够运用知识到实践中去,所以在教学活动里面,教师的任务不单单为带给学生基本的语言方面的相关知识,还要让学生掌握并使用句子、段落和篇章相关结构,并提供合理情景以让学生的理论知识得到更好的检验。

(4)组织策略

组织策略主要包括对教学活动的把握。为了让学生主动参与到教学活动中,教师可采用小组讨论、合作学习等手段开展教学。

（5）控制策略

控制策略主要包括对教学活动时间的控制。其主要是想要让学生尽可能多地参与相关的教学活动,这常常也是教师完成教学任务的手段之一。

3. 教学后策略

教学后策略包括教学后总结及评估策略,其涵盖课内总结及评估、课后总结及评估。

总结是教师在完成相应教学任务后对自己在前期教学实践的得与失的总结;评估是教师认识学生学习情况的手段,也是课堂教学的重要构成要素。

对教师来说,总结对教师增进教学技能有帮助,评估有助于教师提高对学生学习状况的了解;对学生来说,总结和评估能够让其不断对学习策略进行调整,以修改掉自己可能出现的不正确想法和学习方法,让自己成为对学习有主导能力的人,推动自主学习能力的向上发展。

总结策略方面,通常有以下几点。

（1）教学内容是关键的策略。

（2）教学手段是关键的策略。

（3）学生学习状况是关键的策略。

不管是哪一种策略,都希望达到的效果是教师教学水平的提高、教学良好效果的显现。

评估策略方面,通常包括以下几点。

（1）突显问题。

（2）制订学习监控表。

（3）展开活动反思。

（4）对协商评定。

（5）对预测方面的相关评估。

（6）对卡片方面的相关评估。

教师在课后对自己的教学开展总结和评估,并以此为基础对自己的教学活动进行反思,并进一步对教学进度、教学内容、教学任务等进行合理调整,真正创造一个"学生为中心"的学习环境,以增进学生的综合英语应用能力。

(二)文化教学策略

通常情况下我们认为,文化是人类所有物质产品和精神产品的综合,是不同民族积累下来的社会生活经验的总结。

语言是人类文化的载体,文化产生语言。所以,可以说,对一个民族的语言的认识代表着对该民族文化的认识。

跨文化英语文化教学要关注文化教学的重要作用。文化教学的价值体现在以下几个方面。

第一,对促进学生的语言能力能够起到帮助。

第二,对促进教学质量能够起到帮助。

第三,与国际化人才的需求趋势相适应。

另外,文化教学的内容也比较复杂,包括的方面很多,其具体内容如下。

一是社会价值观。

二是社会习俗。

三是思维理念。

四是社会环境。

五是历史及地理大环境。

六是各种文化现象及其体现出来的文化隐含信息。

(三)跨文化英语文化教学策略

1. 英美文化教学策略

英美文化是跨文化英语文化教学的主体,也是学生文化学习的重点和难点。

(1)教材中心策略

跨文化英语文化教学中的英美文化教学不能只求对文化知识的传授,也不能完全脱离教材,甚至不考虑教学任务与要求展开。

同时,在英美文化教学的教材选用方面也需要多加用心,一是要采用积极向上的教材,二是要保证教材内容的健康、进步、可读性、可利用性。

（2）对比策略

有对比才有差异,有差异的情况下往往才有较深印象,这种差异对学生的记忆和理解能力也能够起到帮助。所以,在英美文化教学实践中需要推动文化方面的相关对比（重点是中英文化的互相的对比）。

（3）相关和实用以及学以致用策略

一般情况下我们认为,英美文化教学的课时并非是无限的,它是有限的,且教学任务具有综合性。

一方面,英美文化的教学要和特定教学材料联系到一起,不可以随意地开展英美文化方面的相关教学活动。

另一方面,文化教学的内容一定得有实用性,这就需要教师在传授相关文化知识的同时还要想办法创设一定情景让学生实际运用相关知识来对某个语言或社会现象进行解释。

（4）文化平等策略

由于历史积累方面的原因及文化传统的不同,会造成在文化学习和跨文化交际中表现出文化不自信的情况。其实文化并无高低优劣之分,每个人都需要抱着平等的心态来看不同文化之间的区别。

（5）文化渗入策略

所谓文化渗入策略,也称为文化渗透策略,它往往表示在教学过程中,教师在教学内容和教学任务模拟环境的基础上引导学生体验文化;让学生有机会在该环境中进行文化体验活动。

这种模拟环境会有角色扮演、情景对话等,其设置主要是让学生根据语境对语言等交流手段开展合理调用,目的是使学生语言实践的机会增加,使学生的语言使用能力得到增进。

该策略的实施可以从以下不同方面展开。

①能够根据实际教学内容或教学任务要求开展调整。

②能够分层次实施。

③能够分时段实施。

④能够以内容为基础加以实施。

⑤能够使教师直接传授。

⑥能够使学生相互讨论。

⑦能够由教师在教学过程中间渗入。

2. 中国文化教学策略

（1）文化导入策略

英语教学中的文化导入，其目的是想让学生对某一单元的主题有大致认识，增进学生的学习"欲望"。可供导入的内容多样，因为文化方面的教学需求，文化信息往往就成为导入的要点。为缓解越来越严重的中国文化"失语"现象，在英语教学的文化中引入中国文化信息是有必要的。

通常情况下我们认为，中国文化导入的手段是对比和比较，也就是将与课文有一定联系的英美文化元素和相关的中国文化元素展开对比，分析两种文化的共同点和区别，以此为基础完成中国文化的自然导入和理解。

（2）文化融合策略

文化融合对文化意识的养成有很大帮助，增进学生的跨文化交际水平，可以从以下几点入手。

①和文章内容或篇章知识融合

文章内容是读文章的人熟悉文章、汲取文化知识的重要媒介，而篇章知识是外语学习者拿捏文章写作技巧及相关文化信息的基本途径。所以，在英语教学中，英语教师能够充分利用文章内容和篇章知识，结合学生已掌握的汉语知识展开讲解，能够让学生更为直观地注意到中西文化的区别。同时对提高学生的文化意识方面、对增进学生的英语水平（特别是他们的篇章意识、写作水平及翻译水平）也能够起到帮助。

②和词汇教学融合

词汇是语言众多要素中最活跃的成分，主要体现之一就是新词的产生以及旧词的消亡，新词常常会在社会现象不断改变的基础上被迅速地提出，旧词却会在相关现象下离开历史舞台。

词汇教学是英语教学的重要内容，所以，将中国文化和词汇展开练习能够实现很完美的词汇及文化教学效果。

第二节　跨文化英语文化教学的主要内容

一、跨文化英语文化教学目标

（一）欧美外语教学方面

1. 美国方面

美国施行了很久的《21世纪的外语学习全国标准》（ACTFL）就指出：外语教育涵盖五个目标（也可以说是"5C目标"），其具体内容如下。

（1）交际（Communication）

即语言交际方面的能力。其往往被认为是进行外语学习的重点。

（2）文化（Cultures）

即文化知识，其往往被认为是交际发明的基本保障。

（3）联系（Connections）

就是应用所学的外语巩固和拓展已学的其他学科知识，以此为基础不断获得对新技能的了解和掌握,其往往被认为是外语学习的一个重要目的。

（4）比较（Comparisons）

即经由对目的语、目的文化和母语、母语文化的相互比较,学习者可以提高对二者语言和文化的进一步认知,而且也能够对语言和文化的相关方面本质得到某种程度上的感悟,并对文化不同之处可能造成的交际困难有大概的认识。

（5）社区（Communities）

即在运用中学习 learning by doing 的指导思想,要求学生在校内外环境中运用语言。这一目标不仅是运用语言的问题,还包含运用文化知识,关联其他学科以及进行语言文化的比较方面的能力。

2. 欧洲方面

在欧洲,欧盟的成立推动了欧洲语言政策的改革。21 世纪初,欧盟委员会制订并公布的《欧洲语言教学与评估共同纲领》（CEFR）就将语言能力划分为综合能力（主要包括学习能力、陈述性技能等）与语言交际能力（主要为语用能力和社会语言方面的能力）。

每一项具体能力都和跨文化交际能力有关联,说明了文化教学在外语教学中的核心价值。

CEFR 还表示,当代语言教育是为了实现欧洲语言和文化多元化特征的更深层次上的维护和发展,也对学习方适应多元化社会、环境产生一定的益处经过跨文化交流活动,人们之间相互理解,对各种文化普遍抱有一种包容和尊重,有利于各国之间的亲切合作。

（二）我国跨文化英语文化教学方面

1. "显性"路径

一般来看,"显性"路径是独立于语言学习的,往往是一种比较直接、聚合的文化学习路径。

显性路径一方面可以从"英美概括"类文化课程体现出来,重点是对文化知识的讲授,其主要也是希望可以为学生提供系统的知识框架,提高学生对文化的整体了解与认识。

另一方面可以从外语课堂中常用的文化导入中有所体现。该方面的导入常常是以较为系统地对文化知识点进行教授为重点的,它涵盖以下几个方面的内容。

（1）知识文化。

（2）对交际不利的文化因素。

（3）词语的文化环境背景。

（4）话语、语篇结构涵盖的文化因素。

（5）非语言形式的文化背景知识。

另外,显性路径的缺点也比较明显:学生不能够感悟现实交际活动中"肉眼看不到"的文化特质,会忽略掉当前社会进步所需要的点,它们分别是学习方在交际活动中对交际能力、思维能力的发展要求,学习方的跨文化交际中的实践需求。

2."隐性"路径

（1）普通要求

普通要求是高校非英语专业本科毕业生须达到的最低要求,主要是希望学生拥有一种稳定的知识、技能、价值等方面的系统。

①对别国文化尊重,拥有积极心态,含有较强的文化敏感性。

②认识本族文化和目的语文化的常见的习俗、社会制度。

③能和来自目的语文化的人开展正常沟通。

④可以用目的语对本族文化的一般性话题进行介绍。

⑤有能力依靠所学的文化知识和交际策略避免文化不同之处导致的交际困难情况的出现,并可以对人际关系进行发展。

⑥有能力分出本族文化和目的语文化的区别和共同点。

⑦能够欣然接受人和人之间、文化和文化之间的不同之处。

⑧可以在开展跨文化学习的过程中扩大眼界,发现自我,增进自我。

（2）更高要求

更高要求一般是英语水平较高、英语学习动机较强且有一定学习精力的学生应该达到的要求。

①对别国文化尊重，拥有积极心态，文化敏感性强。

②较为深入地认识本族文化和目的语文化常见的习俗、社会制度。

③有能力以灵活、有效的手段展开跨文化交流。

④可以用目的语对本国传统文化和社会话题进行分析和讨论。

⑤有能力组织、协调跨文化相关的活动。

⑥有能力借助已有知识和经验分出本族文化和目的语文化的不同点和相同点。

⑦能够接受并欣赏人和人之间、文化和文化之间的根本相异的地方。

⑧可以在开展跨文化学习的过程中进一步扩大眼界，认识自我，增进自我。

同时我们需要知道，跨文化英语文化交际能力的提高不能只依赖英语这一门课来实现，学校应将跨文化交际能力的养成目标纳入学生的整体培养计划里面，让学生可以在平时的实践活动中，特别是和专业相关的实践活动中展开跨文化交际能力的相关锻炼，塑造健全人格。

二、问题和应对办法

（一）教师层面的问题及应对办法

1. 问题

（1）教师对跨文化教学的认识和教学实践不相符

对于大学英语教学的目的，英语教师们的认识具有较高的一致性。教师们基本上都会认为，英语教学的目的之一就是帮助学生能够使用英语展开沟通活动，而文化知识往往被认为是跨文化交际活动成功的基础。

同时，大学英语教学不应把通过考试当作主要任务，而应该帮助学生提高文化方面相关意识,审视自己的文化身份,帮助他们恰当地应对文化间的不同之处,培养学生相对开放的文化价值观。

然而,在实践教学活动中,教学信念和教学实践不相符的情况往往会有很多。即便是教师们发现跨文化教学的重要性,但在实践过程中,很多教师依旧将文化知识当作是可有可无的,跨文化教学所占有的时间也因此而缩短;教学的形式和手段也比较单一,最多会借助一下多媒体技术(如投影仪等),但仍是传授式灌输知识,较少开展课堂讨论及其他跨文化体验活动。

(2)教师对跨文化交际能力和跨文化教学的理解模糊

一般情况下,因为教师群体对于跨文化教学理论并没有进行过深入研究,所以对其往往是模糊性理解,往往会以自己对教学的设想为基础来对教学活动进行排课,导致离教学任务偏差较大,教学活动达不到预期效果。

教师对跨文化交际能力的构成要素持有各种理解,但存在一个基本观点,即认知(知识)、情感(态度、动机)和行为(技能、行动)。其中,教师对语言文化知识最看重,表示语言能力要达到一定水平才能开展跨文化交际活动;只要有了语言能力,交流起来就简单了。但由于缺乏相关的文化学习和研究,往往使得跨文化教学流于表面,深层次的文化概念挖掘、思维模式、价值观讨论则难以深入,让跨文化教学没有了思辨的乐趣。

(3)教师的跨文化知识结构欠缺

跨文化交际是一个带有跨学科性质的领域,也为外语教师的知识结构重塑提出了难题。

高校英语教师的知识结构往往比较单一,没有充裕的文化积累,满足不了跨文化教学的需要,其原因主要有以下几点。

①高校英语教师往往为英语专业出身,没有其他专业的背景。

②高校教师常常因家庭和科研压力的原因,日常忙于教学和撰写科研论文,难以挤出时间提高自己的文化教学深度。

2. 应对办法

（1）增进教师对跨文化交际能力和跨文化教学的认知

理论知识往往被认为是高校英语教师较为薄弱的一环。

对大多数高校英语教师而言，想增进对跨文化交际能力的认知，还是要以文献阅读为基础，厘清跨文化交际能力的要素，以便有针对性地安排教学。同时要改变过去单一的授课理念，将语言教学和文化教学联系起来，以增进跨文化交际能力课堂的效果。

就教师个人而言，最简便的增进跨文化教学认知的手段就是文献学习。教师需要在每一轮备课的过程中都搜集新的信息，更新教学内容，改进教学方法。

（2）为教师提供跨文化培训机会

跨文化交际能力和跨文化教学方法的培训能够在短时间内达到以下功效。

①帮助教师进一步掌握跨文化交际的重要概念。

②帮助教师提高跨文化敏感性。

③帮助教师对文化教学的目的有一个很好定位。

④帮助教师对教学大纲和教案进行更好的设计。

⑤帮助教师更好地展开分析教材的活动。

⑥帮助教师更好地选择合适的教学方法。

（3）完善教师跨文化知识结构

高校英语尽管并非专门的跨文化交际课程，但对教师的跨文化知识结构还是提出了较高的要求。

①教师需要给自己增添文化知识，包括文学、历史、地理等各个方面的知识，不仅涵盖外国文化，还涵盖本国文化。应要求教师平时有意识地做好积累的工作，形成一套自己的记录手段。

②教师需要给自己增添语言知识。教师应增进跨文化敏感性，这样可以从文化的立场来研究各种语言现象。

③教师需要给自己增添交际知识,教师一方面要加强理论知识,另一方面要增添自身经验性知识和提升具体的沟通技能。

(二)教材层面的问题及应对办法

1. 问题

(1)跨文化内容在现行教材中呈现不足,选材上偏向英美文化

现行教材的文化选材范围较窄是一个基本的问题——多改编自外文教材,西方文化皆蕴含其中。

现在,我们的教材需要来自各种国家的声音。教材取材的单一化无疑会影响到文化价值观的单一化,这和跨文化教学的任务并不相符。现行主流教材中涉及中国文化的内容寥寥无几,这也在一定程度上造成了"中国文化失语症"的现象,显然对于学生树立平等的多元文化价值观是不利的。

(2)跨文化内容的编排没有系统性

教材中的信息显然无法满足跨文化教学的需求,具体内容如下。

①如今的主流教材都不是以文化为主线,文化信息的呈现很零散,相关的背景信息不多,练习里面也没有对文化任务进行介绍。

②从各单元主题来看,虽然教材内容通常涉及学生日常生活的各个方面,但从文化的立场来看,文章主题之间没有体现出循序渐进。

③每单元的教学任务中并没有体现跨文化教学的任务。

④教材里面的注解式的信息呈现无法引起教师和学生的关注。

⑤和文章配套的练习常常是以语言训练为主,基本没有跨文化交际任务。

(3)跨文化学习和语言学习分离

现行的高校英语教材都以突出语言能力培养为特色,主要的配套练习题型依然是选词填空、翻译、完形填空等,基本没有以文化为基础的语言练习(即使有,绝大多数在深度和广度上都不及格),而教师所提供的补充材料难以保证对文化内容的深入挖掘,会造成学生的主动思考能力减弱。

2. 应对办法

对于教材的改进要求从以下几个方面展开。

（1）进行跨文化需求分析，将跨文化教学任务渗透进教材编写。

（2）挖掘现有教材的文化元素，扩展跨文化教学内容。

（三）教学评价层面的问题及应对办法

1. 问题

（1）针对跨文化交际能力的测试少

国内跨文化交际能力测试的现状主要表现为"三少"，那就是专门针对跨文化交际能力的测试少，跨文化交际元素在现有大型测试中占据的比重少，日常教师对学生的跨文化交际能力考查少。

国内对学生跨文化交际能力的调查不少，但专门针对跨文化交际能力开展的权威测试却很少。

总的来说，跨文化交际能力测试在大型标准化考试中所占比重过低的问题正在得到改善。

尽管大型考试中已经开始渗透跨文化交际能力测试，但在日常教学中，教师依然缺乏考查跨文化交际能力的意识。虽然教师设计的课堂活动和任务经常会涉及跨文化交际能力的使用，但日常教学评估中并没有专门针对这一能力展开专项评估，教师也不知道采用什么样的测试手段开展评估，导致学生也不能进行相关的教学反馈。

（2）针对跨文化交际能力评价的研究薄弱

虽然国内关于跨文化交际能力的研究很多，但针对跨文化交际能力的测试研究却会很少，发表在核心期刊上的文章只有几篇而已。

我国学者将跨文化交际能力分为几个不同的维度，具体内容如下。

①本国文化知识。

②外国文化知识。

③态度。

④跨文化交流技能。

⑤跨文化认知技能。

⑥意识。

这为跨文化交际能力测试提供了有力的理论基础。

2. 应对办法

总的来说,跨文化交际能力测试的研究还处在起步层次,研究空间还很大。跨文化交际能力测试方面的建议如下。

（1）开发跨文化交际能力测试,尝试将文化测试渗透大型标准化英语考试中。

应该采用合适的测试手段来检验跨文化教学的效果,尝试将文化测试更多、更好地渗透于大型标准化英语考试中。

（2）日常教学中重视形成性评价,尝试多样化的评估形式。

形成性评价往往被认为一种促进学习的评价,它强调将评价过程中所获得的反馈用于指导后续教学。

形成性评价能够采取质性和量化结合的方法,对学生的认知学习过程、情感、态度、价值观以及学习效果展开评估,以此为基础得到较为全面的跨文化交际能力评估结果。

形成性评价不仅能给学生及时、快速的反馈,而且能让学生真切地感受到自己跨文化交际能力的成长,对于教师而言,评估结果能够有效地指导后续的教学活动。

第三节　高校英语课堂的跨文化教学

通常情况下我们认为，信息化和资本国际化的飞速发展让不同国家间的联系越来越密切，多元文化的碰撞和交流一定会产生，这也可以说是全球化环境下人类交往活动的一个重要特征。

另外，文化的交流需要语言，语言常常被认为指代着文化现实，两者紧密相连。随着各种文化的交流加深，人们慢慢地发现跨文化交际能力在语言教学里面的重要作用。

我国经济在渗进全球化发展趋势的同时，也需要一批包含国际化视野的人才。英语常常被人们认为是全球通用语，在我国具备大量学习者的一门语言，但英语教学的质量往往不会被接受认可，受到不小的质疑，其中就涵盖对学习者跨文化交际能力方面的批评。

同时，为处理全球化给新时代的语言教学提出的难题，我国的语言教学和研究也展开了相应的变革。

在大学英语方面的相关课程中，母语文化应该至少被人们认为在以英语为目的语的学习中是核心的一环。其原因如下。

一方面是因为中文课程在高等教育层次是选修课，母语文化的教育在这一层次有了断层。

另一方面是因为大学英语课可以说在一定程度上起到母语文化教育的作用。

所以，我们需要改变如今以西方文化输入为主的教学模式，平衡中西方文化在大学英语课堂中所占的具体比重。

下面，我们从大纲设计、教材、课堂活动、教学评价、教学研究等方面进行介绍。

一、设计含有母语文化教学任务的教学大纲

大纲设计能够从宏观的政策层面指导大学英语教学。教学任务,其常常被认为具有为具体教学活动提供引导的功能,是大纲设计中最核心的一环。

在培养学习者跨文化交际能力的目标方面,大纲设计需要做到以下几点,并提出了具体要求。

(一)大纲设计要求

第一,学习跨文化交际要以多元文化为中心。

第二,学习跨文化交际要对西方文化和母语文化进行平衡。

第三,以前两点为基础进一步指导大学英语教学和研究。

(二)具体要求

1. 普通要求

学习者的学习要以普遍性话题(与中国文化和社会有一定联系的)为主,并对传统文化概念有一定深度的理解,能以多元文化的立场发现文化间的不同之处,同时能够以母语文化为基础,渐渐地形成相对稳定的文化身份。

2. 更高要求

学习者能用更准确的语言表述和中国文化社会有一定联系的话题,对传统文化概念有进一步的理解,具备多元文化立场和以母语文化为基础的稳定文化身份。

二、有效利用教材平衡中西文化教学

现在,在高校使用的相关基本教材里面,直接涉及文化话题的内容不是很多。

由于网络方面相关信息的繁杂多样,语言材料的获取方式有很多,教师在选取时需要注意以下几个方面的内容。

首先,语言方面的相关材料须使用真实语料,使学生可以在这一氛围中不断加深对语言文化的准确认知。

所谓真实语料,表示的是真实语境里面使用的、达到英语语言规范的语料。其

不单单包括真正的英美国家人们所使用的语料,还包括以英语为母语的人,或将英语作为第二语言且掌握得很好的人。

其次,语言材料的选择上,得保持西方文化和本土文化的平衡。一方面,需要使用能够反映西方文化的语料;另一方面,需要使用反映中国文化和社会生活的语料。

最后,要保证所使用材料的形式多元化。教师本人应有开阔的视野,熟悉现代电化教育和网络技术,会"淘"出可用的英语原声电影、讲座等,且能够以此为基创出创意的课堂活动,让学生有机会运用英语,开展有价值、有跨文化交际目的的互动。

三、采用多样的教学方法

采用多样的教学方法让学生有机会体验多元文化语境、思考文化多样性,让学生把活动准备层次获取的知识用于实际的教学活动中,亲身实践以此为基础,为了促进本土文化在英语课堂中的作用,增进学生更好地去认识多元文化,我们提出了以下几点措施。

(一)将本土文化加入知识背景导入

背景知识导入是传统文化导入的手段,但在如今的外语方面的相关课堂里面地位作用依然较高。虽然以教师为核心的背景知识导入形式不丰富,但是却依旧是一种"又好又快"的文化知识输入手段。这种导入形式恰当应用可以对提高文化输入的系统性有帮助。

不过,背景知识的输入常常会陷入两个误区。其中一个误区为英语文化和本土文化之间达不到平衡状态。

文化方面的相关背景知识输入里面的另一个误区是刻板印象的产生。教师在开展文化知识输入的进程里面,常常会不由自主掺进自己对文化的理解。假若教师的语言选择不怎么严谨,常常可能使学生对文化形成刻板印象,如"德国人很严肃"等。

在展开背景介绍时,应注意具体情景,要关注不同文化的多面性。避免对文化的片面理解或概括。

（二）带动学生采用对比法探索文化概念

探索文化概念是一种促进学生思辨能力、提高对自身文化认可、增强跨文化交际能力的重要渠道。探索的手段非常多,其中比较常见的为语言特征分析。无论是词汇、篇章,还是语法、语音,以及语言的不同层面都和文化密切相联系。

学生通过对比、分析,挖掘其中的关系,能够更深入地认识语言,更清楚地注意到文化的影响力。例如在词汇方面的教学材料中,中西文化中"狗"的文化概念对比。

在英语国家中,狗一方面代表的是打猎、守家,另一方面为人类的"朋友",如"a lucky dog"指幸运的人;"Love me, love my dog"指爱屋及乌。

在汉语里带有"狗"的词语有一部分含贬义,如狗仗人势、狗嘴里吐不出象牙等。

另外,篇章、语法和语音所隐含的文化概念更加隐蔽,学生得有足够强的能力来探索。探索式学习还对造就多元文化价值观有帮助,可以很好地增进文化认同,减少文化焦虑。在开展探索式学习的过程中,教师应引导学生对文化进行多面性认知与了解,尽量防止片面、狭隘思维及看法的形成。

假若教师可以做到这一点,那么学生不仅能够认知和了解到文化的多面性,还会对相异文化的特性进行深入思考,并且能够积极促进学生思辨能力的提高,这对我们自己和我们的文化都有很大的意义。

（三）通过体验学习感受中西文化不同之处

荀子曾说过:"不闻不若闻之,闻之不若见之,见之不若知之,知之不若行之,学至于行之而止矣。"后来,John Dewey（约翰·杜威）提出与其相似的观点"做中学",将体验式教学活动分为以下几个步骤。

　　这些步骤一方面对学生感受学习的过程进行重点说明,另一方面对学生在学习过程中的所得进行"整合",以使教学活动的价值得到展现。

　　一是创立一个相对来说真实的经验环境。

　　二是从环境营造的真实情境里面产生真实的问题。

　　三是进行材料搜集工作。

　　四是产生问题的应对措施。

　　五是经由应用对措施进行检验。

　　在跨文化交际活动中,单单说一种语言的人,即使对他族文化有很多的认识,如果没有亲自体验的这一过程,他们对相关语言文化知识的理解就仅限于是认知阶段。

　　如果没有多方面交际相关能力,即便是他们可以用自己掌握的语言对跨文化知识进行说明,其理解依旧是间接的,他们常常会立场单一,对思想的形成和表达也有不利影响,甚至会有"骄傲自满"的表现。

　　因此,需要我们注意,教师在准备大学英语体验活动方面,得充分考虑学生在如今生活中和将来生活中使用英语的情境;而对于学习大学英语者而言,他们会更希望学习怎样在母语语境中成功交际,怎样将母语文化中的思想表达出来,以及怎样在跨文化交际中保留我们的母语文化身份。

　　总之,背景知识方面的相关导入、对文化概念方面的相关探索和体验式教学分别从认知方面、情感方面与行为方面提供给了学生一个认知、了解和体验文化的可能性,让学生可以慢慢地对文化进行更深层次的认识。把本土文化和这些教学方法联系到一起,对推动学生更好地了解和认知多元文化能够起到帮助,也可以对本土文化或西方文化的片面认同起到一定的预防作用。

第八章　跨文化交际与高校英语教学的融合与改革

第一节　跨文化交际与高校英语教学

英语语言文化是高校教学内容的重要组成部分,跨文化语言交际能力在高校英语教学中具有十分重要的意义。高校英语教学不能只停留在传授机械的语言知识的层面,而是要深入研究英语的语言文化背景,培养学生的思维探究能力和语言应用能力,不断提高学生跨文化交际的能力。高校教育注重培养的是全方面发展的高素质文化精英,因此,在英语教学过程中,教师要树立理论与实践相结合的教学理念,在打好语言知识基础的前提条件下,注重培养学生英语语言的实际应用能力,不断提高英语教学的效果和水平。

高校英语教学的最终目的是培养学生进行跨文化交际的能力。由于世界各民族文化存在鲜明的差异性,不同的语言文化自然会呈现出不同的语言形态。因此,在高校英语教学过程中,教师不仅要指导学生认识中西方语言的差异性,还要积极引导学生探究中西方文化的差异性。只有联系语言环境,把握不同文化与语言之间的内在发展规律,才能更好地掌握英语语言,学生才能更好地学以致用,从而有效地进行跨文化语言交际。

近年来,高校英语教学逐渐由以前的结构主义理论和教学方法转向交际性教学原则和方法。与此密切相关的原则就是交际教学中语言与文化的关系。新的教学大纲对于英语教学的交际性原则、语言与文化的关系等做了较为明晰的论述,

《英语专业课程教学大纲》对文化教学的要求是要熟悉中国文化传统,具有一定的艺术修养,有较扎实的汉语基本功;熟悉英语国家的地理、历史、发展现状、文化传统、风俗习惯;具有较多的人文知识和科技知识,掌握基本的数理化知识;具有较强的英语口头和书面表达能力;具有较强的创新意识和一定的创新能力,注重培养跨文化交际能力。在专业课程的教学中要注重培养学生对文化差异的敏感性、宽容性以及处理文化差异的灵活性。有效地在高校英语教学中培养学生交际能力的第一步,就是解决交际能力与文化教学之间关系的问题。

一、关于交际能力

美国外语教学协会在其提出的外语能力学习中已将文化教学列入交际能力的内容,他们认为交际能力应包括下列五个方面的内容。一是语言:指掌握语法知识;二是功能:指运用听说读写四个方面的能力;三是语境:指选择与所处语境、话语场所相适应的话语;四是交际者之间的关系:根据对方的身份、地位、社会距离,说出合乎自己身份的话语;五是社会文化知识:语言是一种"社会实践"。这其中后三个方面综合起来就是一点,即语言得体性。也就是说,学生在语言能力方面,应掌握扎实、宽泛的语言知识和言语技能,熟悉语言结构和语言单位所隐含的民族文化成分;在语用方面,能够识别所学语言文化特有的语言和非语言行为,并能解释其功能,具备超越句子的篇章交际能力,懂得不同语境中语言使用的社会规则和话语使用方式,了解不同语言行为的民族文化定式,熟悉话语的文化背景和文化契约;在行为能力方面,了解不同社会背景人的语言特征,并能用适当言语行为和非言语行为表达不同的人际关系,熟悉不同社会环境的语言行为习惯和方式,并能主动适应不同的语言行为习惯和方式。

交际能力的培养就是使学习者掌握在与对方交流中,根据话题、语境、文化背景讲出得体、恰当的话。这种能力反映出学习者对该语言所代表文化的了解程度。语言得体性离不开社会文化知识。文化语言学研究表明,语言中储存了一个民族所有的社会生活经验,反映了该民族文化的全部特征。儿童在习得一种民族语言的同时,也就是在学习该民族的文化。所以,语言和交际不可能脱离文化而单独存在。由于语言所具有的作为文化的表现与承载形式的特征,不了解该文化也就无法真正学好该种语言。

二、文化教学的概念

文化教学概念的提出,理论上源于人们对语言功能的新认识和语言与文化关系研究的新成果,它借鉴了国外一些新的教学理念和方法,是我国教学思想、教学观念、教学内容和教学方法的一次新的飞跃,标志着我国英语教学由传统模式向现代化教学模式转变的新阶段。胡文仲将英语跨文化交际学所指的文化教学的主要内容概括为以下四个方面:在教授语言(语音、语法、词汇、文体)的同时结合语境和文化背景、文化内涵教学;分析学生由于文化因素干扰造成的语言错误,从而提高学生对文化的敏感性,使他们认识到跨文化交际绝不只是掌握语言形式就能顺利完成的;开设所学语言国家的历史、文学、概况等课程,系统地传授知识文化;开设语用学、语言国情学、语言与文化、跨文化交际学等课程,从理论上提高学生的跨文化交际能力。

应该说文化教学是针对传统教学模式中只注重语言本身和语言教学的弊端和危害而言的,是英语教学的一部分,文化教学不能脱离语言教学本身。文化教学应该是英语教学的基本原则,是英语教学的有效手段、重要内容和主要方法。

三、文化教学的作用

由于语言和文化是不可分割的,在教学中渗入文化是十分必要的,特别是教师可以利用现代的多媒体教学手段,向学生传递丰富多彩的文化知识,通过教学双方的共同努力,可以对学生和教学效果产生双重效应。

(一)文化教学可以优化学生的知识结构

不同的言语表达形式受所学语言国人文、地理、历史、社会制度、生活方式、风土人情、社会传统、民族习俗、言语礼节以及民族心理、伦理道德、行为规范、传统观念等一系列知识的影响,相同的概念会有许多不同的表达形式。比如:讲汉语的人说"天生有福",俄国人要说"穿着衬衣生下来的",英国人要说"生来嘴里就含着一把银勺",德国人要说"梳好了头才出世的"。讲汉语的人说"一箭双雕"或"一举两得",俄国人要说"一枪打死两只兔子",英国人要说"一石打死两鸟",德国人要说"一个拍子打死两只苍蝇"。在教学中通过文化分析可以优化学生的知识结构,使学生具有知识比较能力。

（二）文化教学可以优化学生的能力结构

跨文化交际的成功有赖于对不同文化模式的了解。文化教学致力于揭示英语教学中的交际文化,必然会涉及不同的语言结构、认知和交际知识,以及身势语、社交礼仪、交际环境、交际方法、交际态度等方面的非语言文化知识。这无疑能促进学生英语应用能力的提高,避免或减少跨文化交际错误,解决说什么、怎么说的问题。比如:"你吃饭了吗?"以中国文化模式解码,大多时候只是一句客套话,一种人际间的寒暄;若以西方文化模式来理解,它就是要求别人共同进餐的信号,而决不会产生客套、寒暄的感觉。中国人点头表示"同意",而在印度和希腊等地,意思恰好相反。

（三）文化教学可以提高学生的社会文化敏悟力

文化敏悟力指的是透过语言的外表,对语言深层次结构的综合理解能力,在英语教学中属于背景知识的范畴。英语教学的目的是培养学生的跨文化交际能力,而文化敏悟力本身就是一种交际能力。比如,学生在学习中会遇到这样的句子:"You chicken！ He cried, looking at Tom with contempt." 或 "The stork visited the Howard Johnston yesterday.",如果不知道 chicken 指"懦夫"或"胆小鬼",不知道 a visit from the stork 指"孩子诞生",仅用母语文化的定式去理解,这两个句子是怎么也翻译不好的,由此可以看出文化敏悟力对英语学习的重要性。跨文化交际的敏悟力的提高可以分为四个阶段:首先是产生好奇心,其次是与本民族文化比较,意识到一些难以想象或不合道理的细微复杂的文化特点,再次是在此基础上,通过理性分析认为这些文化特点是可信的,最后通过与本民族文化的比较,体会和了解这一文化,并学会在适当的场合运用这一文化。教师应鼓励学生通过读外国文学著作,看外国电影和纪录片等方式了解世界各国的风土人情。在课上和课外,教师要有目的地组织文化观大讨论,进行不同文化、风俗、习惯的比较,让学生产生文化比较的意识。

(四)文化教学可以激发学生的学习兴趣

学生是否能学好英语,兴趣是一个重要的因素。因为有了学习的兴趣才会有学习的动力,才能激发学习的主动性和能动性,让学生充分发掘、发挥自身的能力。文化教学无论在方法上还是在理论上都有别于传统的语言教学。其中最显著的特点是不局限于对语言材料做机械的、枯燥的解词释义,即就词讲词或就语法讲语法,而是通过语言看文化,通过语言文化的比较了解不同民族的生活习惯和不同的语言特点,使教学内容由原来的枯燥、单一转向丰富、生动,从而引起学生探索语言的热情。比如,apple 在汉语里对应的词是"苹果"或"苹果树",而英语里的 apple 有许多引申意义,如 custard apple(番荔枝)、love apple(番茄)、wise apple(傲慢的年轻人)、the apple of one's eye(掌上明珠)、the Big Apple(纽约城)、as American as apple pie(典型美国式的,地道美国式的)。还有许多具有深层意义的词语,如 apple of discord 指的是争端、祸根,源于希腊神话中三个最漂亮的女神争夺金苹果的故事;apple of Sodom 或者 Dead Sea apple,指的是索多姆地方的果子,传说中的一种产于死海附近的果子,外表美丽,但摘下来便化为灰烬,现转义为华而不实的东西、虚有其表的事物。学生通过汉英词语的比较以及对一些典故的了解,会极大地激发学习英语的兴趣,既学到了语言知识,又领略了英美民族的传统文化。

四、交际能力与文化教学的关系

交际能力与交际环境和文化之间的关系是密切相连的,但不同文化的成员对于交际行为会作出不同的解释。简单地讲,交际能力就是要有与他人进行有益对话的能力;有与陌生人交往的能力;有处理与别人交际时出现的误解的能力;有适应不同文化、不同交际风格的能力;具有建立和维护人际关系的能力和准确理解别人情感的能力;有与别人有效合作的能力和情感同化的能力;有与不同社会习俗和行为方式的人进行成功交际的能力等。

英语教学的根本目的就是为了实现跨文化交际,就是为了与不同文化背景的人进行交流。全面提高英语教学的效率和质量,大幅度地提高学生的英语应用能力,既是中国国民经济发展的迫切需要,同时也是跨世纪中国高等教育的一项紧迫任务。为了实现这个目标,需要我们正确认识到英语教学是跨文化教学的一环,将语言看作是与文化、社会密不可分的一个整体,并在教学大纲、教材、课堂教学、语言测试以及英语的第二课堂里全面反映出来。跨文化交际者不能只掌握有关文化差异和文化标准方面的知识,因为该知识尚不能保证在具体的相互交际过程中从陌生的表达方式里识别出不同文化差异和文化标准。

在英语教学中,文化教学是一种特有的形式,是一种教学手段,它不是教学本体而是教学辅助。英语教学和文化教学之间的关系应该具有同步性、互补性和兼容性。所以,在英语教学中体现文化教学可以优化学生的知识结构,通过语言学习所学语言国家的人文、历史、地理、政治、经济、教育、社会制度、生活方式、风土人情、社会传统、民族习俗礼节以及民族心理、伦理道德、行为规范、价值观念等一系列的知识,从而丰富学生的知识,激发学生的求知欲。

五、高校英语教学引入跨文化交际的必要性

(一)英语教学和跨文化交际

英语教学的最终目的是使学生运用所学的语言进行交际,跨文化交际既是英语教学的目的,也是英语教学的手段。在英语教学中应体现交际性,不但要传授语言结构知识,而且要将语言结构运用到一定的交际情景中。美国外语教学协会在

其提出的外语能力学习中已将文化教学列入交际能力的内容。他们认为语言首先是一种"社会实践",交际能力应包括语言、功能、语境和交际者之间的关系。语言指掌握语法知识;功能指运用听、说、读、写四方面的能力;语境指选择与所处语境、话语场合相适应的话语;交际者之间的关系是指根据对方的身份、地位、社会距离,说出合乎自己身份的话语。这其中后三个方面综合起来就是语言交际得体性。交际能力的培养就是使学生掌握在与对方交流中,根据话题、语境、文化背景讲出得体恰当的话语的能力。因此,在英语教学中,跨文化因素的导入能够使学生更清楚地认识到英语的结构和本质,能够预测、解释、改正和消除母语对英语学习可能产生的错误,从而极大地提高英语教学的效果。

（二）语言教学和文化教学

语言是文化的一部分,是一种民族文化的表现与承载形式;文化是语言的底蕴。人类通过语言沟通彼此的思想和感情,同时,语言也存储了前人的劳动和生活经验,记录着民族的历史,反映着民族的经济生活,透视出民族的文化心态,蕴含着民族的思维方式,是文化的载体和结晶。我们可以用已经用来定义文化的完全相同的措辞来定义语言。它包括一个人想要理解的一切,以便能够以一种他们可以接受的方式,与其他语言使用者进行像他们彼此间那样进行的充分交流。从这个意义上来说,一个社会的语言是其文化的一个方面。人类在创造文化的过程中必须交流思想、协调行动,而语言则是人类最主要的交际工具。与此同时,语言作为思想的直接现实,又是信息和知识的载体。

一个民族各层次的文化必然会在这个民族所说的语言上留有印记,由此体现语言的文化存储功能。而文化作为语言表现的基本内容,制约着语言的形式,不断地将自己的精髓注入语言之中,丰富和更新着语言的文化内涵。语言是随着民族的发展而发展的,语言是社会民族文化的一个组成部分,两者密不可分,世界上不存在脱离语言的文化,也不存在脱离特定文化背景和内涵的语言。因此,不了解文化就无法真正学好该种语言。

（三）语言能力和交际能力

从广泛意义上来说,交际能力包括语言能力和语用能力。交际能力是语言的构成规则和语言的使用规则在一定情景中的具体运用,作为交际工具的语言不能成为脱离交际活动实践的绝对自足的封闭系统,交际能力的培养必须建立在语言能力的基础之上。从狭义上来看,语言能力也不是指自说自话,它既指规范语言本身,又指规范语言的合理应用。正是在这个意义上,人们同意在同一性质上对同一事物做以下双向度的区分和描述:语言能力、交际能力。我们应充分注意20世纪50年代以来在世界范围发展起来的一门学术及应用学科——"跨文化交际"（intercultural communication）,又叫"比较文化",它强调对语言进行整体研究,强调语言的应用,强调反映语言和语境的关系,注意说话者、听话者、话题、交际方式、时间、地点的统一。

交际能力正是语言的基本结构在语境中的复现,它使语言知识在语境中得以应用。任何话语的运用,往往都同时完成三种行为:一是言内行为,一切以语音表达的有意义的话语,以及按句法规则连接的词所表达的概念、意义;二是言外行为,依照说话人和听话人之间存在的特定关系而进行的言语行为;三是言后行为,其功能并不直接体现于话语之中,而取决于言语的情境。在这里,言内行为已超脱传统意义上的语义学、句法学的范畴,而是视言外行为和言后行为的需要呈现出语言所固有的丰富品格。也就是说,三者协调一致,共同完成话语的表意功能。

（四）语言、文化与交际"三位一体"的关系

文化被视为"信仰、价值观、习俗和行为举止的一个共享体系,人们用其与他人和世界交流,并通过学习的方式将其传承"。这就说明,文化由共享的行为模式（交际）和意义系统（语言）组成。另一种观点则认为,文化包括物质实体、价值观、行为模式等要素。文化"是一个社会成员共同拥有、所思考和所做的一切"。也就是说,语言和交际是文化的一部分,即语言、交际和文化是不可分割的一个整体。

在由语言、文化与交际共同构成的人类活动体系中,语言是重要的交际模式,文化是交际依存的环境,交际是信息传递的过程。交际不仅传递思想内容,而且传递有关交际双方之间关系的信息。前者主要是通过语言传递,后者往往是通过非语言手段传递。在整个交际过程中,语境起着非常重要的作用。语境包括两方面:地理位置和周围布置等客观环境、场合特点和人际关系等社会文化环境。这些环境因素不仅直接影响语言的使用和非语言行为,而且对所传递信息的感知和理解也产生影响。而环境本身蕴含丰富的文化内容,来自不同文化背景的人会对相同的客观环境和社会文化环境持有完全不同的理解,因此可以说,文化决定着语言和交际。

语言的使用反映了人们的价值观念、生活方式和思维习惯,而社会文化的发展变化是语言赖以生存和发展的基础,交际则是联系语言和文化的纽带。因此,语言、文化与交际之间是一种不可分割的"三位一体"的关系。

总而言之,在语言、文化、跨文化交际三者的关系中,语言反映文化,文化影响语言的使用和发展;在以一种语言为媒介的跨文化交际中,交际者应遵循该语言的文化语用规则。英语教学的最终目的在于使学生掌握并熟练运用地道的语言,并能结合目的语国家的文化规范,运用准确的目的语言进行交际。在英语教学中,必须将跨文化的交际性作为教学的主导原则,以语言的应用及交际能力为出发点设计教学。教师应意识到跨文化交际教学是英语教学过程的一个重要环节,教师有责任提高学生的跨文化意识,在传授语言的同时同步传授文化知识。在英语教学中,不仅要注意语言结构的教学,而且要注意将比较文化引入英语教学中,注重英语的功能、交际和语用方面的教学,以帮助学生正确熟练地学习使用英语母语者普遍接受的英语,即地道的英语。

第二节　跨文化交际能力与高校英语教学的融合

一、跨文化交际能力与高校英语教学融合的背景

大学生跨文化交际能力的培养已成为国内外英语教育界广泛关注的课题。《外语类专业本科教学质量国家标准》明确了跨文化交际能力在高校英语教学和英语专业教学中的重要地位和发展路径，为全国高校下一步教学改革指明了方向。语言作为文化的载体，高校英语教学的过程在某种程度上，也是跨文化交际能力的培养过程。但在教学操作层面，语言技能与跨文化交际能力的结合仍然碎片化，缺乏系统性。目前，我国高校英语课程体系内，有单独开设的跨文化交际课程，但对语言学习的关注不够；也有涉猎跨文化交际内容的英语技能课，但将英语技能与跨文化交际技能有机融合的课堂教学实践却不多。联合国教科文组织颁布的《跨文化教育指南》明确指出跨文化教育不是一门独立的、新增加的学校课程，它的理念应该融入学校的教育体制和各门课程的教学，尤其是英语教学在其中发挥着非常重要的作用。有鉴于此，高校英语课堂作为培养跨文化交际能力的重要场所，践行跨文化交际能力培养目标的一条切实有效途径就是将跨文化交际有机融入高校英语教学，通过设计、实施、检验有针对性的教学目标和任务，实现学生语言能力和跨文化交际能力的同步发展。

二、跨文化交际能力与高校英语教学融合的原则

跨文化交际能力与高校英语教学融合应当遵循以下的原则：第一，相关性原则，跨文化交际的目的是提升学生的英语能力，尤其是提升其英语交际能力，因此相关的培养工作都应当将教材内容和日常交际衔接在一起，激发学生学习语言和文化的兴趣，在实景教学中提高学生的文化内涵；第二，适度性原则，高校英语教学任务开展应当重视学生的学习能力，保持跨文化交际的适度性，增强英语交际的

针对性、避免由于教学难度过高引起学生的抵触情绪;第三,综合性原则,跨文化交际能力涉及多学科的内容,这就需要学生完成学科间的穿插学习,把所学的知识和英语结合在一起,完成各类知识归纳总结;第四,实践性原则,在英语教学跨文化交际过程中,教师要引导学生把英语应用到实践中,在实践中提升学生的英语应用能力,跨文化交际不能仅仅从书本中学习知识,更应当融入真实场景中,在动态真实的背景下获得体验和训练;第五,系统性原则,跨文化交际的融合要保持连续的动态过程,有层次有系统地开展教学工作,减少教学随意性,提高跨文化交际的针对性。

三、跨文化交际能力与高校英语教学融合的行动

可以通过"产出型语言文化融合式教学模式"实现英语课堂中跨文化与英语教学的结合。该模式由"目标设定—任务设置—任务实施—任务评估与反思"四部分组成,每部分融合了英语教学和跨文化能力培养的基本步骤和程序,体现了对课程目标、任务和评估的革新。

在目标设定上,跨文化目标与语言目标的融合是教学的起点和指挥棒。许多高校英语课堂视跨文化为语言教学目标之外"多出来"的内容。但我们的行动研究发现,以相对完整的课堂内容为基础,以某一具体的跨文化技能为目标,有选择地进行语言教学,学生能够提升对目标语言本身及其语境的敏感度,并在语言高校英语教学与跨文化能力培养研究输出中主动使用。

在教学任务的设计上,要能够以少而精的产出型任务为驱动,促使学生在体验跨文化的过程中,主动学习所需的跨文化技能,提升语言应用能力。任务的主题紧紧依托课程内容,充分考虑学生的认知和体验,增加任务的可操作性。任务中的跨文化技能训练和语言训练应形成组合:跨文化以相关的文本内容和语言学习为基础,反过来,跨文化任务的实施过程也促进了语言的学习和使用。任务的实施途径可以是角色扮演、课堂讨论、故事续写等,递进式地训练学生发现、对比、分析的跨

文化技能以及相关的语言技能。任务的难度视学情而定,每一项任务可以体现一两点跨文化交际教学原则。

形成性的任务评估与反思是课堂教学效果的保障。评估与反思相伴发生,贯穿教学始终,不断完善下步教学,如将即时的互动形成评估、对学生表现的观察和记录、学生作业、学生互评等形式都会促进师生对融合的课堂过程和课堂效果进行反思,以改善下一步教学。跨文化和语言教学的有机融合尚属探索阶段,教学过程中的课堂观察、课堂录音或录像、师生反思、课堂教学核查表等基本课堂数据的收集与分析尤其必要。

跨文化交际与高校英语教学的融合,一方面能够为充满危机的传统高校英语课堂注入活力,实现英语教学的人文性目标,另一方面,英语教学为大学生的跨文化能力培养提供主观认识和亲身体验的环境,其学科属性使其成为实施跨文化教育最有效的阵地。这里通过两轮行动研究,探索了一条较为可行的将跨文化融入技能课的教学路径,在提高学生英语应用能力的同时,也提高学生的跨文化技能,增强跨文化意识,为进一步探索、提高融合跨文化与高校英语教学的研究和实践提供新思路。

第三节　跨文化交际教学中教师身份的重构与跨文化意识的提高

一、身份的要义

身份首要解决"我是谁"这个问题,只有清楚了自己是谁,才能采取相应的交际策略与他者互动,因此了解自身和对方的身份是互动的起点,更是跨文化互动的起点。高校英语教师也与其他任何互动的双方一样,需要自审"我是谁",而且因其特殊的职业角色,其身份构成更为复杂。

总的来说,身份(identity)是社会学术语中的主要词语之一,常出现在社会学互动理论中。社会学的互动论视角更注重社会的微观方面,主要考察人们在日常生活中如何交往,又如何使这种交往产生实质性意义。社会学互动理论认为,在某种意义上,社会结构最终是由行为体的行为和互动所构成和保持的,因而互动论致力于发现人际互动的基本过程。亚历山大·温特的建构主义理论便是建立在互动理论基础上的。温特认为互动双方——自我与他者的身份是在互动中建构的他将身份定义为"有意图行为体的属性,它可以产生动机和行为特征"。显然,身份作为交际者的属性并非静止的,它在确立后也会随着互动的发展而不断调整、变化。这说明,身份是动态的,可以在互动中建构,是随着互动进程的发展而发展变化的。更确切地讲,在互动的结构中形成的共有观念使双方的身份得到进化。共有观念是温特建构主义的核心词汇,在建构中起到至关重要的作用,而共有观念即文化。由此可见,互动中的文化与互动者身份之间存在建构关系。

此外,一个行为体的身份是"多重的有机结合的复合物。行为体的多样身份并不孤立存在,而是以情境为基础结合起来。"情境不同,行为体的身份也会不同。为简化起见,特纳将身份分为三类,即作为人的身份(human identity)、社会身份(social identity)及个性身份(personal identity)。其中行为体的社会身份表明其社会团体的归属,如民族、职业、年龄、家乡等。显然,社会性与文化是不可分割的,社会属性为行为体身份打下深深的文化烙印。在跨文化交际中,社会身份自然是重点研究的对象。

如上所述,情境不同,行为体的身份亦不同。一个行为体的身份是多重的、复杂的,根据不同的情境,行为体会自然选择不同的身份与他者互动。例如,在教室这一情境中,某人可能是教师,但同一个人在家庭中,其身份可能是母亲、妻子等。

总之,一个行为体的身份是在互动的过程中形成的,它是多重的,而且不是一成不变的,会随着互动的发展而发展变化,是个不断建构的概念。其建构的来源是在互动结构中不断形成的新的共有观念,即文化。情境对互动者在交际过程中选择何种身份起决定性作用。

二、教师的身份建构

首先,需要说明的是,为了避免过于复杂影响重点,可将高校英语教师当作一个文化主体进行分析,也就是说需要探讨高校英语教师作为一个文化群体的身份特点。当然,需要注意的是,不同的个性特点对高校英语教师的身份建构也具有重要影响。

身份是交际者在互动过程中形成的,互动中形成的共有知识又与交际者形成建构关系,促使其身份不断变化、发展。教学活动也是一种交际过程,在这一过程中教师明显与学生形成互动关系,但是,在英语教师的教学活动中还存在一个交际对象,对教师的身份建构起到重要作用。这个交际对象就是教学材料,与文本的交流是种特殊的交流形式,是单向式的交流过程。读者不断与文本互动,从文本中获得新的观念、知识。身份就是指一个人经过反思形成的自我概念或自我形象。而在与文本的交流中,读者从文本获取的新的观念、知识反过来作用在读者身上,使其不断自省、反思,形成读者的身份,也使其原有的身份得以发展。高校英语教师在与文本的互动过程中,其身份也如其他读者一样,存在重新建构的可能性,此外,由于其所交流的文本的特殊性,高校英语教师面临特殊的身份建构过程。高校英语教师一般母语为汉语,但其交流的文本却是英语,这使得教师与文本的交流过程变为跨文化交际的过程,教师身份面临跨文化的发展建构。

高校英语教师面对的教学资料,如文本是否可以构成文化环境呢?众所周知,语言是文化的重要组成部分,是文化的重要载体和表现形式。而用于高校英语教学的文本由于其本身的特色,使得这些文字本身构成由文字形成的文化、社会环境。高校英语教师的教学对象是非英语专业学生。高校英语教材在帮助学生学习语言知识的同时,也试图给学生呈现纷繁复杂的现实社会,以使学生了解语言是如何在真实的社会、文化环境中使用。

三、教师的身份重建与跨文化意识的提高

英语教师在教学过程中身份的重建与跨文化意识的提高有必然联系。面对新文化环境时，个体一般会经历若干阶段。不同的文化学者绘制不同的阶段，但在他们的描述中，基本都有一个共同的阶段，即文化休克期。在这一阶段，个体在新文化环境里不仅感到沮丧，而且严重的会产生器质性疾病。个体一旦成功跨越这一阶段，不仅会内化新的文化知识，如新的价值观、标准等，而且会发展新文化身份，因此跨越的过程也是跨文化意识提高的过程。对于高校英语教师而言，虽然其并未生活在真实的新文化环境中，但在与新文化文本、音视频材料接触的过程中，也会面临无法理解、欣赏新文化知识等问题，这些问题产生的根源与文化休克产生的原因极为相似。

跨文化接触不会自动带来相互的理解。我们的头脑（心智软件）蕴含基本的价值观。这些价值观因在早年生活中习得，故变得如此自然，以无意识状态存在于我们的大脑中。在与新文化的接触中，这些价值观会成为我们评判新文化的依据。因此受自身文化的影响，我们会在一个与原来文化不同的环境中感到压力、无助。显然，个体负面情绪产生的原因是无法理解新文化并对新文化产生认同。英语教师处于由文本等新文化知识构成的情境中，也会不自觉地以自己的传统价值观评判新文化。而出现对新文化无法理解、不能认同等问题时，其后果反映在教学活动中便是对新文化知识潦草处理或干脆省略，不做处理，会使学生失去了深入了解新文化的机会。因此，理解传统文化和新文化间的不同之处，客观理解新文化，不仅能够帮助教师内化新的文化知识，丰富、重建自身的文化身份，而且这个过程也是自身跨文化意识的提高过程。最终，通过教师有意识地引导，这种提高会反馈在学生英语学习中。

对于英语教师而言，如何才能尽量减少自身传统价值观的影响，客观理解新文

化呢？简单而言，我们可以在心理上养成时刻留意的习惯，在心智上积极扩充关于新文化的知识并在行动上运用相关的技巧。在心理上养成时刻留意的习惯是应对的基础和起点。心理上的时刻留意也意味着时刻警觉，其实质是要求英语教师保持对文化的心理敏感度。教师也如其他生活在本族文化情境下的个体一样，深刻地受到本族文化的影响，自然形成某种文化价值观。但这种价值观基本是隐性存在于个体头脑中，对人们的认知、评判及行动产生潜移默化的影响。

因此，个体需要时刻提醒自己，感知本族文化情境并深入挖掘本族文化嵌入个体头脑中的那些以无意识状态存在的知识。作为传授新文化语言和文化知识的教师更应比普通个体保持警觉，时刻注意内省，体验本族文化给自己带来的影响，并深入挖掘潜藏在心智深处的文化知识，努力将潜意识的本族文化知识上升到意识层面来分析，时刻留意的态度也意味着对新文化不同之处的留意。但这种留意是不带有任何感情色彩的，即对新文化的不同之处努力采取客观看待的态度，而不急于做快速的评判，避免文化中心主义对我们的影响——文化中心主义是个体与新文化接触后自然发生的一种情感。个体对新文化很难保持客观的态度，个体会对与己不同的文化具有一种优越感，这是人类的自然趋向性。在此基础上形成的文化中心主义认为，自己的文化是所有文化的中心，自己的文化高人一等。文化中心主义就像一扇窗，本族文化就以自己的角度从这扇窗往外看，以此感受、了解并评判其他所有文化，导致对另外文化的主观评价。显然，文化中心主义会使我们对新文化的认识产生偏见，阻碍我们对新文化的理解和交流，有碍跨文化意识的提高。但因其是人类自然的天性，避免起来有相当难度。因此，英语教师更要时刻保持留意、警觉的态度，观察自己面对新文化文本及语境时，是否受到文化中心主义的干扰，是否在教学中情不自禁地表现出对自己文化的扬和对新文化的抑，应努力客观地将新文化知识传授给学生，减少主观评论带来的对新文化的曲解和误解。教师对自我有意识的监控和调整过程，实际上也是自我文化身份进行调整和重建的过程，也是跨文化意识提高的过程。

在心理上留意和知识的积累基础上，在真实生活环境中，个体还可以通过有意识地实践来更好地理解新文化，如学习理解新文化中各种符号、象征，认识新文化中的英雄及实践新文化仪式等。但对于英语教学而言，除了在教学中有意识地介绍、解读并理解新文化中的象征、符号、英雄及文化仪式等，我们更要将具体的实践形式转变为运用某些学习技能来提高对新文化的理解力。

比较和对比（comparison and contrast）是行之有效的方法。将本族文化和新文化进行对比，找出相同点和不同点并进行分析，能够清晰、明确地了解文化差异，有助于对新文化的理解。当然，对于英语教师而言，找出相同点和不同点只是第一步，重要的是能够透过现象看到文化的本质，通过相同点，我们可了解文化的共同性、而通过不同点，我们更需要直击文化内核，能够从价值观层面来解释，以便更深入地理解和把握新文化。

除此之外，写反思日志也是很好的方法，它能够提高教师的教学反思能力。美国学者波斯纳认为，反思可以帮助教师成长。众所周知，他提出了教师成长公式，即教师的成长二经验＋反思。没有反思的经验是狭隘的经验，至多只能形成肤浅的知识，只有经过反思，教师的经验方能上升到一定的高度，并对后继行为产生影响。可见，只有经过反思，教师才能使原有的经验不断地得到提升，每天都在教学中成长进步。通过教学反思，教师每天都会有新的发现、获得新的启发，帮助他们走出封闭，超越自我。当然，对于英语教师而言，通过思考和学习，其对英语语言和文化的洞察和理解通过语言的形式反馈下来，成为自己跨文化方面新的体验和经历。这种自觉的、有意识的做法，有效地帮助了英语教师跨文化意识的提高，同时也实现了其身份的重建。

总之，从事英语教学的教师与教学材料的接触过程也是一种跨文化交际过程，在这一过程中，教师的身份会随着与教学材料的认识、理解而得到建构。在建构过程中，英语教师同样会面临与在新文化环境中生活的跨文化者相似的跨文化体验阶段，其中最为重要的阶段是文化休克阶段。虽然语言教师面临的文化休克的表现形式与在真实环境中生活的人们表现有所不同,但其形成原因极为相像,都是源于交际者自身的文化价值观。这种价值观基本是隐性存在于个体头脑中,对人们的认知、评判及行动产生潜移默化的影响。在教学活动中,教师如果能够采用积极有效的策略应对自身价值观的影响,这不仅能够成功地克服文化休克,提高自身的跨文化意识,以新视野、新角度重新定位自身,而且还能够有意识地、有针对性地对学生的英语学习予以高效指导,帮助学生顺利地进行语言、文化的学习。

第四节 跨文化交际视角下高校英语教学的意义与作用

随着全球经济一体化,中国与世界各国之间的交流与合作更加频繁。全面提高英语教学的效率和质量,提高学生的英语应用能力,既是中国经济发展的迫切需要,也是中国高等教育的一项紧迫任务。教育界越来越认识到语言与文化的关系已成为英语教学的一个重要课题。英语教学不仅是语言知识的传授,而且更应包括文化知识的传播。因此,是否将跨文化教育纳入英语教学内容,是区别传统英语教学和现代英语教学的主要标志之一。所以,高校英语教学在尊重不同文化的前提下,应将跨文化教育有目的、有计划地渗透入教学中,促进不同文化间的相互了解、相互借鉴。所以,在高校英语教学中加强跨文化教育的意义与作用包括以下几个方面。

一、满足英语教学发展

人们的语言表现形式总是受到各种社会文化因素的制约,中国人在跨文化交际的语境中因为文化障碍而碰壁的"文化冲击"现象时有出现。据统计,"文化错误"要比语言错误严重得多,因为语言错误至多是言不达意,无法把心里想说的东西清楚地表达出来,文化错误往往使本族人与他族人之间产生误会。只有具备了一定的跨文化交际能力,说话者才能有效地避免由于不同文化背景而造成的交际障碍和交际摩擦,来实现顺利交往的目的。因此,英语教学不仅是语言教学,而且应该包括文化教学。

二、适应新世纪中国社会经济发展

随着中国改革开放的深入开展,国际交往日益频繁,中国需要越来越多的国际人才从事国际贸易,处理国际事务,加强国际文化交流。国际化人才的标准不仅是知识结构的优化和语言能力的强化,更重要的是文化理念的国际化,要了解外国文化传统和交往礼仪,具有跨文化的交际能力。跨文化交际能力是在对双方文化相互理解的基础上,通过文化的双向交流、互动实现的。要顺利、得体地与外国人交往,仅有丰富的词汇和地道流利的语言表达能力是不够的,还必须了解他们的历史、习俗、生活方式和价值观等。为了培养能胜任对外交流的能力,培养具有国际竞争能力的英语人才,以满足我国科技、经济和文化等发展的需要,在高校英语教学中要重视跨文化教学,把高校英语教学的重点,由原来培养学生的听、说、读、写能力转变到培养学生全面交流的实用交际能力。在高校英语教学中,要重视文化差异的导入,加强学生对不同文化背景的了解,拓展学生的知识面,有助于形成学生的跨文化交际能力,为国际化人才的培养打下良好的基础。

三、促进大学生社会性发展

人是社会中的人,并承担一定的社会角色。个人与社会之间是相互依赖、相互影响的。人在社会中生存和发展,必须学习,而学习又离不开社会的方方面面,通过学习引导学生认识与自己生活密切相关的社会环境、社会活动和社会关系,不断丰富和发展自己的经验、情感、能力、知识,加深对自我、对他人、对社会的认识和理解,并在此基础上养成良好的行为习惯,形成社会的主导道德观、价值观和判断能力。

大学教育就是大学生社会性发展的推动力,今天,我国青年的社交对象更为多元,社交方式更为多样。应通过跨文化教育来培养学生与不同的人进行合作的意识,提高跨文化交际、交流的能力,有利于他们认识到世界的发展、社会的进步。所以,跨文化教育与当前青年学生实现社会化的目标不谋而合,其目标与理念是追求平等、尊重差异和倡导合作。使每一个学生的知识与能力都能得到最大限度的发展,充分发挥他们的聪明才智。我们应该认识到英语教学中的跨文化教育不是空泛的。社会发展也必将使跨越不同文化的人类交流愈加频繁,注重跨文化教育,能增强不同文化的认同感和包容性,能够有懂得互相尊重、平等合作的精神和能力,这也是他们在现代社会和未来社会生存与发展的最基本的能力。这样才能更好地促进语言和文化的发展,以及不同语言、文化间的交流和沟通,它是大学生社会性发展的需要。

四、实现中华民族自立自强

当前,西方文化给我国的发展也带来了影响,在这个文化急流和狂涛中,这种文化交流是一把双刃剑,在文化科技交流上、三外(外资、外贸、外债)等外事来往上有着积极的作用。随着改革开放的深入,中国综合国力增强,国际交往增多,国家所需要的是面向世界、对异国文化有深刻理解力的人才。这种发展趋势就要求我们在高校英语教学中重视跨文化教育,将之提高到应有的高度,使学生在实际交流中具备多元文化的包容性。鉴于此,在英语教学中进行跨文化教育,其意义深远。

五、顺应高等教育国际化发展趋势

凝练、提升世界高等教育的主流意识,是进一步深化高等教育办学理念的基础。这样实施跨文化教育已成为高等教育发展的必然趋向。它有助于我们学习国外的先进教育理念与办学模式,理性地看待中国高等教育与民族文化,综合考虑全球性与民族性的问题。找到本土经验与国际经验的交融点,从而把握主流意识,创新发展,突出特色,进一步促进我国高等教育的发展。随着全球经济一体化进程的推进,中国高等教育中外合作办学不断发展。在办学的过程中,由于教育主客体的多元化、教育环境的多元化、信息来源的多元化、思维方式的多元化以及社会习俗的多元化等特点，其人才培养的过程必然受到不同文化的影响。由此，研究中外合作办学过程中的跨文化教育意义重大。

首先，我国高等教育面对的不仅是国内市场的挑战，还有世界范围大市场的挑战。现在对国际型人才的需求在全球范围内日益增加，这无疑对世界各国高等教育发展与改革起到了推波助澜的作用。其次，中外合作办学是一种世界各国文化平等、双向碰撞、交流融合的有效形式。跨文化教育已被世界各国特别是经济开放型国家视为促进本国与国际社会经济交流、迎接国际经济竞争挑战的一种战略性手段。全球一体化对各国的商品、服务、信息，尤其是人员的跨境开放，已经使大学成为加速全球一体化进程、增加相互了解的最有效途径。办学多元化的发展使越来越多的高校通过多种方式不断增强自身的软实力。逐步从培养各类高级人才的全球意识以及国际交往和跨国工作能力出发来关注、推动跨文化教育发展。另外，不管是教育家还是科学家都应该适当地进行国际交流，在这种交流中必然伴随着思想文化的交流与融合。英语作为交流的工具就要顺应这一潮流，因而在加强英语教学的同时，必须强化文化教育。使这种文化载体和传播媒体充分发挥传播、融合不同区域、不同属性文化的功能，促进国际经济交流、科学技术的发展。

所以，在英语教学中要鼓励采取比较研究方法，增加交叉学科的开设，增加人文社会科学教育知识，加强各院校、学科、专业、课程之间的沟通与交流，增进互补。将英语语言教学与英语文化教学有机结合，培养的人才要朝着复合型知识结构的方向迈进，使跨文化教育发挥应有的功能，并促进社会经济效益发展。

中国高等教育部门与学校要重视并加强跨文化教育，使我们培养的大学生既了解世界文化，又是中华民族文化的传播者、宣传者。另外，突破文化差异的障碍，掌握不同文化差异背后的共同本质和规律，也是高校加紧跨文化教育重要使命。使培养出的人才具有世界创新意识，在建立世界文化新格局中发挥应有的作用。世界范围内，文化差异仍然存在，不同文化背景的人在交往中因缺乏不同文化的了解而产生误解,解决这一问题的有效方法就是通过跨文化教育来实现,增加国际的互相理解。因此,这就要求在英语教学中对跨文化教育提高到应有的高度,引起足够重视,尽快转变观念,提高认识,采取措施。

第五节　跨文化交际视角下高校英语教学的改革策略

一、提高教师的跨文化综合素质

作为英语教师,自身应具备很强的跨文化意识,这需要教师通过各种方法丰富自己的英语文化知识,对跨文化交际和比较文化差异有深刻的造诣,不断提高自身的文化修养。高校英语教师是高校英语习得的主要引导者,是沟通学生个体文化和英美文化的桥梁。高校英语教师所具有的跨文化知识和意识的强弱,将从根本上直接影响学生的跨文化素质及其最终的跨文化习得及运用。虽然,目前已经有高校英语教师在高校英语教学过程中意识到了跨文化教育的重要性,并且也尝试着在高校英语教学过程中进行跨文化教育,但是由于缺乏跨文化教学理念的指导和实践的经验,因而步履维艰。所以,跨文化教育的发展首先应当加强高校英语教师的跨文化教育,提高高校英语教师的跨文化素质。

(一)英语教师必须不断提高自身的文化修养

作为一名英语教师,必须不断学习,可以通过结交外国朋友,涉猎各种形式的文学作品,观赏精彩的外国电影录像,欣赏格调高雅的外文歌曲等各种渠道来了解外国文化,不断提高自身的文化修养,提高自己进行跨文化教育的能力和水平。首先,教师要熟悉教材中的语言文化知识及文化特点。尤其是英语国家的典型文化背景知识。其次,英语教师要具备双重文化的理解和教授能力。既不能死抱着本民族文化不放,也不能只注重对英语国家文化的讲解。教学中要注重培养学生的社会文化洞察力。在课堂上,教师在教授英语知识的同时,应引导学生去注意作品的社会文化背景,揭示关键词的社会文化含义;或组织小范围的讨论,以培养学生对社会文化的敏感性和分析能力。

（二）对教师继续教育的内容和方式进行改革,拓宽英语教师在教学中的跨文化教育知识

首先,在英语教师培训的基础课程中增开人类学、民俗学等课程,以及国内外的历史、地理、文学等知识,通过东西方思想方式和文化差异的介绍、东西方文学的比较,分析文化现象背后产生的原因,帮助教师认识外来文化,理解外来文化,树立多元文化和跨文化视野。其次,在英语教学的专业课程中,增加"多元文化教育"和"跨文化教育"等内容。这样有助于发展教师的多元文化性,在课程和教学中,消除习惯使用的、带有文化歧视和文化偏见的内容,对不同文化间的差异广泛包容和接纳。再次,英语教师继续教育的内容要丰富,教师应具备全球一体化的理念,拥有广博的基础知识,同时教学与辅导中愿意将各种各样的观点呈现给学生。可见,英语教师在继续教育中必须具备扎实的英语专业知识、语言学基础知识、本民族的语言知识,以及英语教学法知识和英语教学相关的知识,才能担当跨文化教育的重任。

另外,在继续教育模式上,可以采取灵活、多样的形式:①短期培训计划与长期培训相结合;②进修学习与访问学者形式相结合;③常规交流与专题跨文化教育研究相结合;④国内学习国外进修相结合;⑤脱产教育与远程网络教育相结合。

二、培养学生正确的跨文化心态

一般来说,一个人学习异国的语言、习俗和社会规则等虽然不易,但并不是不可达到的目标。只要花上足够的时间,具有一定的条件,还是可以做到的。但是,要真正了解另一种文化的价值观(更不用说接受或获得)却极为困难。一个人可以在另一种文化中生活很长的时间,掌握其语言,了解其习俗,但是,仍然可能不理解其价值观的某些部分。这就要求我们的教师在实际教学过程中,不仅要帮助学生从外部世界获得的知识转化为自己内在的知识,还要培养他们对外国文化的鉴赏能力和判断能力,并运用所学的知识灵活应对跨文化交际的实践。也要让学生达到对外国文化不仅"知其然",而且"知其所以然"的境地。只有这样,他们才能正确理解看待外国文化,吸取其所长,补我之所短,将外国文化中优秀的、对祖国建设有用的部分吸纳到我们的文化中来,弘扬中华文化。另外,必须帮助学生克服"本民族文化"对英语学习的障碍。应使学生在认识上有一个提高,克服不自觉的民族中心主义。

因此,教师要使学生提高对外国文化的认识,抛弃偏见,克服民族中心主义,做到心胸宽广、态度开明,对外国文化采取一种全面、客观的态度,不仅要尊重它们,而且要努力学习它们、理解它们、适应它们,而不是将它们当作荒唐可笑的东西加以贬低和排斥,使其努力成为双文化者。但是,反过来讲,我们也不应以外语文化为标准,全盘接受而贬低自己的文化。对待外国文化,我们应理解、适应,而不是被它同化。因此,我们的教师不但要帮助学生以开放的心态学习认识英语国家的文化,更要鼓励学生通过英语了解世界万象,培养国际意识和合理的跨文化心态。

三、编写新的教学大纲

尽管英语教学大纲指出,英语教学的目的,是通过听、说、读、写的训练,使学生获得英语基础知识和运用英语进行交际的能力,但是大纲对跨文化交际能力和文化素养的培养未作具体的要求。例如应该掌握哪些情景下的哪些语言功能、哪几种语篇类型、哪些交际策略,应该了解哪些目的语的非言语行为,应该学习哪些目的语的交际习俗、礼仪、社会结构、人际关系、价值观念等。还应在大纲现有的四级、六级词汇表中增补学术研究和对外交往中常用的词汇,在词汇释义中加入一些实用性很强的释义,在母语文化和目的语文化中有不同联想意义的常用词汇、习语、谚语等要注明其联想意义,对某些词汇还要注明其语体;而且还要规定向全体学生开设英美文学欣赏、英美文化、跨文化交际学等选修课。一份细致的教学大纲不但为整个教学活动指明了方向,而且也是检查和考试的依据。任何的教学都离不开检测和考试,但由于跨文化教学本身的特点,英语跨文化的检测形式应有别于语言技能的检测方式。

四、选择适当的教材

(一)优化课程内容

英语课程可供选择的内容繁多,因此所选择的内容必须能鼓励学生积极参与,对事件的反思和分析也要有利于揭示不同区域各民族和文化具有共性与个性点,同时还应增加体现本民族文化特色的内容。

(二)对英语教材教学内容进行科学的选择

1. 教学材料真实化和语境化的原则

所谓真实的教学材料,是指在真实交际环境下所使用的,不是专门为教学而设计的材料。真实的教学材料之所以重要,是因为它们将学习者的英语学习与现实生活和真实的社会环境和历史背景联系起来,这样不仅有利于激发学习者的语言学习兴趣和积极性,而且使他们在面对真实的社会交际环境时,能够做到从容面对,学以致用,从而提高学习效率。与材料真实化原则紧密相关的是语境化原则。语境化有两层含义:(1)避免将语言形式从其使用的环境中脱离出来,进行孤立的、纯语言的分析和学习;(2)避免将文化信息从其文化意义系统中抽取出来,作为知识进行分析和学习。因为语言和文化必须是一个系统学习的过程,语言和文化的意义只有在一定的社会环境和历史背景下才能够准确、充分地理解,所以语言与文化教学材料的呈现必须语境化。

2. 对各民族文化尊重原则

要尊重目的语的民族文化传统。重视目的语国家民族的文化以及民俗民风,尽可能全面、准确地对目的语国家民族的文化知识进行介绍,不能回避、乱解、生硬更改内容,应从跨文化教育目的为出发点,有目的介绍目的语民族文化的特点和值得我们学习、吸收借鉴之处,引导学生获得全面准确的目的语民族文化知识,并具备不断更新知识的能力。同时,还要尊重母语与民族文化传统。虽然全球化潮流势不可阻挡,英语的影响在不断扩大,但并不是由英语来统一天下,民族特色文化不可抹杀,各民族特色的文化与之交流抗衡中相互影响和交融。因此,尊重民族文化的原则应包括尊重同一目的语为通用语的民族文化传统、不同区域民族文化传统和母语的文化传统。这样,就要求在教学内容上科学选择。首先,要增加非目的语国家民族的文学作品,读了这种英译本,在交际中才能更准确表达非目的语国家文化;其次,扩大包含目的语和非目的语民族的政治、经济、文教、史地、社会风俗内容;再次,音、像教学的内容要多样化,让学生听到和习惯各种不同的语音、语调;最后,扩大具有中国历史文化特色的英语词汇、短语、句子以及中国的成语等,促进中华文化传播。

3. 注重培养跨文化意识、能力原则

教学内容应将文化内容和英语语言教学紧密结合起来,选择有异国文化习俗、历史背景、民间故事、传说内容的教材,这样有助于学生形成有效的跨文化意识,具备跨文化的比较、参照、取舍、传播能力,也有利于培养学生实际运用英语的能力。

五、改革跨文化测试内容与形式

跨文化测试的内容应包括具体文化和抽象文化两个方面以及文化知识、文化意识、文化态度、文化行为等多个方面,所以采用的评价方法和手段也应多种多样。跨文化知识的测试可以采用填空、选择、正误判断等传统的客观题形式。重要的是将学习者应该掌握的文化知识全面、系统地通过各种测试手段予以体现跨文化行为的测试既可以采取笔试形式,通过设置模拟现实的任务让学习者书面应答,也可以通过直接观察学习者真实的行为表现来进行评价。目前,高校英语口语考试已在全国推广,在英语四、六级考试试题中,检测学生语言运用能力和目的语文化知识,测试跨文化交际能力的内容有很大幅度提高,这都说明英语语言运用能力的测试迈出了可喜一步。但是仍有许多工作要做,如现在评分体系中缺乏"语言的得体性"的标准。没有针对非英语专业学生为对象测试目的语文化知识的内容,考生的文化创造力的测评也是一大难题等,都影响跨文化教育的发展,应尽快组织人员进行专题科研,攻克这一难关。

六、其他形式的跨文化教育

(一)利用多媒体教学手段

多媒体教学手段被大量地应用于现代英语教学中,这种集图、文、音、像等为一体的互动教学形式,大大增加了课堂教学信息量,不仅有利于提高学习者进行语言交际的积极性,更能有助于提高跨文化交际的能力。日益发展的多媒体技术为在英语教学中进行跨文化的教育开辟了新的渠道。它可以将各种跨文化交际情景真实地展现给读者,让他们有一种身临其境的感受,使英语跨文化教育效果明显得到提高。

(二)充分利用外教资源

中外合作办学的推广,一个行之有效的形式就是互派教师,这已成为跨文化教育师资不可替代的力量,可以弥补涉及内容甚广的社会文化知识和本国教师无法接触到,也体会不到的文化内容。通过外籍教师切身讲解、传授他们本国的文化,可以使学生直接感受其他国家文化与本国文化的差异与共同规律。同时,由于外籍教师本身也正经历着所在国家文化的冲击与熏陶,更可以从自身的实际出发,体会跨文化的感受,指出跨文化交际中所应注意的事项。

(三)利用教育网络

当前,英语学习可以通过英语电影、电视、幻灯片、录像、多媒体、互联网等多种形式,尤其是互联网为英语的教学提供了丰富的信息,像中国教育网、中国教育热线、中华教育网等网站中就有相当多有关英语国家文化背景知识和其他相关信息。教师可以在网络上寻找适合学生阅读的文化背景知识,挑选代表性的知识,通过下载、网址收藏等形式提供给学生,也可以引导学生浏览相关网页,这样不仅信息量大,而且知识更新及时,能紧跟时代步伐。这样也吻合了现代大学生对于网络的兴趣,接受新事物快,对新事物也很感兴趣的特点。使得英语文化背景知识的获得与接受变得快捷,掌握起来也较轻松,学习效果也较好。

通过网络获取英语国家的文化背景知识大大提高了语言学习的效率,能有效帮助学生使用地道的英语进行交际,提高学生运用英语交际的能力。

(四)举办专题跨文化知识讲座

专题讲座已成为学术交流,传播前沿知识的有效方法,其优势体现在:一是主讲人对主讲的内容有充分准备,并且对如何将内容最有效传递有充足的设想,讲解也较生动形象,收效也较好;二是一般专题讲座内容、题材等都是学生关注或感兴趣的,因而学生会带着问题且抱着较大的兴趣来听讲座,这样有助于学生在一种有别于课堂环境中轻松地接受、讨论跨文化知识,在良好的氛围中增长跨文化知识,提高跨文化交际应用能力。为了将专题跨文化讲座的效果发挥到最大,应对主讲内容有目的、有计划地科学安排,渗透到每学期的教学内容中,采用专题形式分别进行,如中外风俗差异、中外民间传说等。这样,经过一段时间训练之后,学生对于跨文化知识的系统性认识将会有很大提高,对目的语国家文化整体的认知也会逐渐提高。

参考文献

［1］赵艳.跨文化交际与英语思维教学研究［M］.长春:吉林大学出版社,2017.

［2］陈桂琴.大学英语跨文化教学中的问题与对策［M］.哈尔滨:哈尔滨工业大学出版社,2017.

［3］郭坤.全球化背景下大学英语跨文化教学研究［M］.成都:电子科技大学出版社,2017.

［4］刘重霄.提高英语应用能力提升跨文化人文素质——教学改革论文集［M］.北京:首都经济贸易大学出版社,2017.

［5］拜晋慧,赵群.跨文化交际与大学英语翻译教学［M］.北京:北京工业大学出版社,2017.

［6］夏君.英语互动教学与跨文化交际［M］.北京:中国建材工业出版社,2017.

［7］郭蕾.跨文化视角下的英语教学研究［M］.北京:外文出版社,2017.

［8］谭跃越.跨文化交际思维与英语教学研究［M］.北京:中国广播影视出版社,2017.

［9］毛磊.大学英语跨文化教学模式探究［M］.延吉:延边大学出版社,2017.

［10］肖凤姣.跨文化英语教学探究［M］.北京:北京工业大学出版社,2018.

［11］郑春华.跨文化交际与英语文化教学［M］.北京:国家行政学院出版社,2018.

［12］王珊,马玉红.大学英语教学的跨文化教育及教学模式研究［M］.武汉:武汉大学出版社,2018.

［13］张晓冬.跨文化背景下大学英语教学研究［M］.长春:吉林大学出版社,

2018.

［14］徐春娥,郑爱燕,杜留成.跨文化理论对大学英语教学的影响研究［M］.长春:吉林人民出版社,2018.

［15］彭宁.跨文化交际语境下的英语教学与翻译策略探究［M］.北京:九州出版社,2018.

［16］李春兰.跨文化交际理论应用于高校英语教学的实践研究［M］.徐州:中国矿业大学出版社,2018.

［17］刘琳莉,姚驰,刘杨.大学英语跨文化教学研究［M］.延吉:延边大学出版社,2018.

［18］霍然.跨文化英语教学研究［M］.吉林出版集团股份有限公司,2019.

［19］何冰,姜静静.王婧现代跨文化英语教学与课程设计研究［M］.长春:吉林人民出版社,2019.

［20］张健坤.跨文化交际英语教学与研究［M］.北京:冶金工业出版社,2019.

［21］郭晶晶.跨文化交际与英语教学的融合研究［M］.北京:北京工业大学出版社,2019.

［22］张喜华,郭平建,谢职安.大学英语中的跨文化教学研究［M］.北京:北京交通大学出版社,2019.

［23］谷萍.跨文化视野下英语教学研究［M］.北京:现代出版社,2019.

［24］王冬梅.大学英语教学的跨文化教育探析［M］.长春:吉林科学技术出版社,2019.

［25］慕爱静.英语教学中跨文化交际能力培养研究［M］.北京:北京工业大学出版社,2019.

［26］李婷.跨文化交际研究与高校英语教学创新探索［M］.北京:九州出版社,2019.

［27］李攀攀,郝可欣.跨文化视角下的大学英语教学创新研究［M］.北京:北京

工业大学出版社,2020.

［28］许丽云,刘枫,尚利明.大学英语教学的跨文化交际视角研究与创新发展
　　　［M］.北京:中国商务出版社,2020.

［29］唐旻丽,崔国东,盛园.跨文化视角下的英语教学理论与方法探究［M］.长
　　　春:吉林人民出版社,2021.

［30］王芳.跨文化交际与商务英语教学实践研究［M］.北京:北京工业大学出版
　　　社,2021.